非正常死亡事件簿

死体はすべて知っている

[日] 上野正彦 著

王雯婷 译

北京理工大学出版社
BEIJING INSTITUTE OF TECHNOLOGY PRESS

相信阅读

上野正彦（うえの まさひこ1929年1月1日~）原东京都监察医务院院长、医学博士。

自1959年成为东京都监察医务院监察医生以来，30年间致力于法医鉴定，查明死者死因，进行了2万件以上的验尸和解剖。由于他医术精湛、经验丰富，依靠自己的鉴定，屡次取得逆转判决的成绩，因此产生了"上野鉴定"的说法，他也被称为日本"法医之神"。

从监察医务院长退休后，上野正彦执笔创作《不知死，焉知生》成为畅销书，日本销售65万册以上。《非正常死亡事件薄》为上野正彦最新创作作品，在日本国内影响巨大，广受好评！

法医虽然不能直接治病救人，但通过倾听死者的声音，可以充分维护死者生前的权利。在不计其数的解剖之后，得出哪怕一点能帮助活着的人们维持健康的方法，也就完成了其作为医生的使命。

——上野正彦

前　言

尸体的专科医师

不论是内科医师还是外科医师，临床医师的主要工作都是治病救人，但监察医①和法医学者②不同。虽同在医学部学习，同样持有医师执照，他们却不给活人看病。

他们的"患者"是尸体，他们需要倾听"死者的声音"，找到遗留在尸体上的蛛丝马迹，推测这些人死去的原因。

在日本，如果哪里有人不明不白地死了，就需要提交申请。比如，一个人前一天晚上还在家中酣睡，第二天早上断了气，也属于非自然死亡。即便死者生前患有脑梗死或者心肌梗死，也不是家人或者普通医师一句话就能确认其死因的。这种情况需要由警方进行"检视（确定死者身

---

① 根据日本《尸体解剖保存法》第八条规定，由当地知事（政务长官）任命，负责执行行政解剖的医师。有关"行政解剖"的具体内容详见第1章。
② 一般就职于大学的法医学教室等研究机构，从事法医研究的学者。

份、判断是否为他杀）"或者由监察医进行"检死（尸体外表检验）"①。

事实上，并非所有尸检工作都由监察医来执行。很多时候警方会找附近开诊所的、非法医专业的临床医师来验尸。然而，即便面对同一具尸体，精通给活人看病的临床医师和精通给死人看病的监察医得出的结论可能不尽相同。

那么究竟是哪里不同？又为什么会出现这些不同？

昭和②年间，我从大学的法医专业毕业，来到东京都监察医务院③，在这里当了三十年的监察医。我的工作就是每当东京出现非自然死亡案件时，前去调查尸体的死亡原因、做检验和解剖。这些年来，我进行过两万余次检验，解剖过五千余具尸体。在监察医务院的最后五年，我做过院长，一直到1989年（平成元年）退休。

---

① 有关"检视""检死"的内容详见第1章。
② 日本年号之一，1926年12月25日至1989年1月7日期间。
③ 第二次世界大战之后，日本全国各主要城市出现大量饿死或不明死因的死者，联合国军总司令部将美国的法医制度引进日本。1946年12月，总司令部公共卫生福祉部在各主要城市设立监察医。1947年1月，厚生省发布"死因不明尸体死因调查"的文件，决定继东京之后，在大阪、京都、横滨、名古屋、神户、福冈等地推行监察医务制。1948年3月，东京都监察医务院开院。

前言

退休以后,我依然在与尸体打交道。

算起来,又过了三十年。

我将曾经的所见所闻汇总起来,写过一本书①。大概是因为大家看得起我的拙作,自那以后越来越多的人找我写文章,邀请我去大学或者专门机构做演讲或者给普通人普及法医相关的知识。有人因为不满之前的鉴定结果,找我做"二次鉴定"。这种事还不少,甚至成了我退休之后的本职工作。

有保险公司因为赔偿金的问题找到我,希望我能帮他们找出死者真正的死因;也有被告人或者律师找到我,希望我能替无辜之人讨回公道。

在我经手的三百余件"二次鉴定"中,也确实推翻过之前的鉴定结果。做出误判的有非法医专业的临床医师,也有权威大学的法医学教授。

即便面对同一具尸体,鉴定结果也可能不一样——我的经历大概也能证明这一点吧。

我遇到过因为初步鉴定结果有误,而将杀人案当作事故或者病故处理的情况;也遇到过明明无罪,却被当成杀

---

① 国内出版译名为《不知死 焉知生:法医的故事》。

人犯的可怜人。

这就是日本法医界的现状。

座间①九尸案

每当发生离奇案件，电视台之类媒体就常常来咨询我的意见。

也许不少人都还记得2017年（平成二十九年）发生在神奈川县座间市的案子——警方在一间公寓里找到了9具碎尸②。那时就有不少媒体找我，咨询我对此事的看法。

以往，他们总会先问我能不能确定犯罪嫌疑人的一些特征，以方便警方展开追捕，然而这回不太一样——因为凶手一早就落网了。

某档电视节目还原了现场，将一间附带一体化浴室的

---

① 日本本州东南部的一个城市，位于神奈川县中部。
② 2017年10月，有人在神奈川县座间市绿之丘的一间租赁公寓里发现了9具遗体。公寓的主人是一名27岁的男子（白石隆浩），他于8月22日至10月30日间在公寓内将被害者们杀害并分尸，现场共计发现9名年轻男女的遗体（年轻女子8人，男性1人）。据凶手供述，他从2017年3月起，开始在推特上寻找想自杀的女性并与她们交流。他邀请女子来到公寓后，让她们喝下安眠药和酒以后将其杀害。

前　言

公寓布置成案发时的模样，邀请我去模拟调查。虽说看不到真实的尸体，但只要到了现场，我大概也能想象出凶手是如何作案的。

一些人或许也会奇怪：既然是碎尸案，尸体肯定不完整，甚至可能被凶手扔了一部分，这也能看出端倪？

事实上，这要取决于留在现场的是尸体的哪些部分以及保留状态如何。

比如，即便无法将尸体完全复原，只要能找到颅骨（颅底），通常就能判断出这个人是被缢死的、勒死的还是扼死的。所谓缢死，就是通俗意义上的上吊；勒死指的是用条索状物缠住颈部造成的窒息死亡；而扼死指的是用手指造成的窒息死亡。

一般来说，典型的缢死者脸上不会出现瘀血，其他两种则会。如果死者面部有严重瘀血，那么他的颅底也应该有，这就可以帮助我们确定死因。至于原理是什么，我会在后文中具体阐述。

座间案的凶手表示，他先让被害人喝下安眠药，再用绳子将他们吊死。

不过这只是他的一面之词，不可尽信，我们还是要依靠自己的眼睛。

姑且让我做一个假设：如果残留在现场的颅底有瘀血，那么被害人就很可能不是被缢死的，而是被勒死或者扼死的。

虽说都是杀人，作案手法不同，目的也可能不同。事实上，本案的凶手就是利用互联网，将想自杀的被害人们引诱到公寓，再依次行凶。如果他的自述是真的，那么他就可能以"自杀帮助罪"[①]判刑。但如果被害人是被扼死的，情况就不一样了。

根据凶手供述，他行凶是为了"暴力和金钱"，倘若其中暴力的成分居多，他还可能被认定为"快乐杀人"[②]。

稍有差池，就会影响最终的判决。

我们要做的就是抽丝剥茧，揭开层层真相。

隐匿的谎言

法医学研究的是和法律有关的医学事项，和社会医学

---

① 根据《日本刑法》第202条规定，帮助他人自杀（提供自杀的场所、道具、知识等）的行为被称作"自杀帮助"，属于法定减轻杀人责任的罪名。

② 认为杀人的过程十分愉快，能从中获得快乐的行为。

前　言

的应用学科（治疗医学）不同，法医学属于预防医学。在法医系统中，有主要做研究的学者（法医学者），也有活跃在案发现场的监察医。虽然两者的工作不尽相同，但目的是一样的——找出隐匿的谎言。

监察医需要运用解剖学的知识，挖掘死者身上遗留的信息。如果这些信息和警方的调查结果一致，案件就可以顺利进行到下一个阶段；然而一旦出现分歧，哪怕分歧微不足道，也一定是哪里出了差错。

如果让临床医师去做这些工作，就可能出现一些疏忽。即便同为法医，人与人之间也存在差异，能否从尸体上找出线索，就取决于个人的经验、知识以及直觉。

但遗憾的是，在如今的尸检、解剖现场，这些差异依然存在。

倾听尸体的声音，揭开隐藏的谜底究竟是怎样的过程？

被假象蒙蔽双眼，任谎言发酵下去的悲剧又何其之多？

我希望人们能了解死亡背后的秘密，希望越来越多的人对法医学产生兴趣。

遂提笔，有了这些故事。

目录 CONTENTS

第1章 欢迎来到法医教室

检视与检死	003
是否施行了法医制度	006
监察医的一天	009
课堂上学不到的东西	012
揭开尸体之谜的"八问"	015
有关溺死的研究与判断标准	036
溺死中出现的颞骨锥部内出血	039
法医学是一门"杂学"	043
足以获得诺贝尔奖的发现	045

第 2 章 法医学与猎奇事件、未解之谜

碎尸案与出血量	049
犯人的心理发生了三次变化	053
不完整的尸体也隐藏着线索	056
肢解与医学知识	058
肢解一个人只需要一把手术刀	060
小心互联网的陷阱	062
埋尸地下与碎尸	065
出人意料的神户儿童连续杀人案	067
佐世保女高中生杀人案	070
游戏杀人与监察医的职责	073
悬　案	075
世田谷案也是弱小之人所为吗？	078
不存在完美犯罪	080
是否属于"医疗事故"	083
不慎坠落与跳楼自杀的区别	085
养老院、福利院的悲剧	089

第3章 法医学解决的问题与未看透的真相

生活反应的重要性	095
即便烧掉尸体也毁不掉的"证据"	097
颅底瘀血的法律效力	101
瘀点揭开杀人之谜	103
"尸体阶层"与解剖率	106
冤案时有发生	109
差点让犯人侥幸逃脱	111
和"密室"无关	113
住院病人猝死的谎言	115
一氧化碳中毒与细胞内窒息	118
住宅发生火灾的可怕之处	120
烧炭自杀与连续骗婚杀人诈财案	123
法医制度与裁判员制度	125
秋田儿童连续杀人案的最初调查	128
水里的尸体与诈骗保险金杀人	131
投币储物柜里的婴儿是什么时候死的	134
让人记忆犹新的"食"子案	137
"死者的人权"与法医学的职责	139

第4章 保险、遗产、伪装背后的法医学

自杀拿不到保险金	143
面子与腹上死	147
死亡顺序关乎财产分配	150
在领取保险金的前一天自杀	152
惨不忍睹的跳楼自杀	155
真的是跳楼自杀吗？	157
被抛弃的女人	160
跳楼与"边缘性出血"	163
坠落死的辨别方法	165
洗澡过程中的死亡是怎么回事	167
没有那么多"如果当初"	169
浴盆里的尸体	171
反常脱衣现象	174
人死之后还会长胡须吗？会分娩吗？	177
会"排便"的木乃伊	179
同一屋檐下的木乃伊与白骨	181
发生在你我身边的"硬脑膜下出血"	183
法医学与精神医学的不同分工	186

第5章　法医学的危机

让人敬而远之的法医学	191
国内的解剖真相	194
不知死 焉知生	196
死者眼中的"名医"	199
解剖费由谁承担？	201
有关医师法第二十一条的修改提议	203
被误认为是"病死"的有计划犯罪	205
尸体鉴定的可信度问题	208
监察医的人数太少！	210
更加现实的方法——检视官的培养	212
CT扫描与AI技术的功过	215

第1章 欢迎来到法医教室

第1章 / 欢迎来到法医教室

检视与检死

首先，我们来明确一些概念。

如果某地发现了非正常死亡的尸体，警方就会赶往案发现场调查。"这人是谁？""他是怎么死的？""是自杀还是他杀？"这一调查过程被称作"检视"。负责检视工作的人被称作检视官，一般由负责刑事案件的警视[①]担任。由于种种现实因素的制约，检视官不可能出现在每一个案发现场，所以通常的做法是：所属辖区的警察先进行调查，再将结果汇报上去。

[①] 日本警察体系内根据等级可分为：警视总监、警视监、警视长、警视正、警视、警部、警部补、巡查部长、巡查。

非 / 正 / 常 / 死 / 亡 / 事 / 件 / 簿

检视规则中明确指出，警方检验尸体时需要有医师在场，医师需要对尸体进行医学角度的检验，比如脱去死者的衣服，观察尸体表面尸斑，死后僵硬的程度，是否存在外伤等。如果头部有外伤，就需要结合现场的情况判断伤口出现的原因：是跌倒造成的？还是被殴打造成的？这一检验过程被称作"检死"①。尸检通常在案发现场进行，但值得注意的是，日语"检死"一词本身并非正式的法律术语。

鉴识科则负责一边拍照，一边记录尸体征象。

监察医检验完尸体后，需要填写"尸体检案调查书"和"尸体检案书"。两者看起来很相似，前者相当于临床医师的病例，后者相当于死亡诊断书。

如果还是不能确定死因，就要对尸体进行解剖。解剖不在案发现场进行，而是在医务院或者大学。其中不牵扯犯罪的解剖被称为行政解剖，依照《尸体解剖保存法》执行；可能牵扯犯罪的解剖被称作司法解剖，依照《刑事诉讼法》执行。在执行司法解剖时，须先由警察、检视官向法院提出申请，获得许可之后才能进行。

---

① 即尸体外表检验，不涉及解剖。

如果清晨发现家人死亡,家属就必须立刻报警。倘若不这么做,找普通医师写一个"心肌梗死"死亡诊断书,就有可能包庇隐藏的犯罪——假如是家人投毒,警方不知道,自然不会立案调查,事情也就此告一段落。

为了避免此类事情的发生,日本法律规定,一旦发现有人突然死亡,就需要同时通知医院和警方,进行尸体检验。哪怕一个原本十分健康的人突然死了也应如此。

那么如果一个一直生着病,且尸体表面并没有明显外伤的人死了,又会怎么样呢?

人们很容易认为他是病死的,但事实是否真的如此,就需要仔细辨别了。

即便表面看上去再怎么正常,背后也存在杀人的可能,我们决不允许在这个问题上出现差池。

犯罪手法越巧妙,就越可能是有计划的谋杀。

我们不能落入犯人的圈套。

非/正/常/死/亡/事/件/簿

是否施行了法医制度

在现实生活中,想将所有犯人绳之以法是十分困难的。导致这种现象产生的原因有很多,制度上的缺陷是其中一个。

负责检验尸体的医师并非人人精通法医学且经验丰富。《尸体解剖保存法》第八条规定:若出现怀疑为传染病、中毒、灾害的尸体及其他死因不明的尸体,都道府县知事需设置监察医为其检验;若检验仍未能判明死因,需进行解剖。

这就是法医制度,但遗憾的是,这项制度并没有推广到全国。该制度始于战后1947年(昭和二十二年),

第1章 / 欢迎来到法医教室

在东京23区①、横滨市、名古屋市、京都市、大阪市、神户市、福冈市几地施行。1985年（昭和六十年），京都市、福冈市废除了该项制度。2015年（平成二十七年），横滨市也废除了该项制度。

也就是说，目前只有东京23区、名古屋市、大阪市、神户市还保留着这项制度。

该项制度之所以被取消，最主要的原因是预算不足。因为没有经费，所以就要废除一个对国民有益的制度，很难想象这种事竟然会发生在如今的日本。

在保留了该制度的地区，尸检工作由监察医负责。也有一些地区虽然保留了制度，却没有设立专门的监察医务院（监察医事务所、监察医务室），这时就要由法医学专业的医师来检验尸体了。

那么，没有施行这项制度的地区，又是什么样的呢？

各个地区不尽相同，但大多时候负责尸体检验的是警

---

① 日本东京都辖下的23个特别区，也是东京都3大构成区块之一（其余为多摩地域与岛屿部），一般习称东京23区、东京特别区或东京都内，包括千代田区、中央区、港区、新宿区、文京区、品川区、目黑区、大田区、世田谷区、涩谷区、中野区、杉并区、丰岛区、北区、板桥区、练马区、台东区、墨田区、江东区、荒川区、足立区、葛饰区、江户川区。

非 / 正 / 常 / 死 / 亡 / 事 / 件 / 簿

察嘱托医。所谓警察嘱托医，就是在警察署附近开设自己的诊所，给普通病人看病，为警察、留置人员提供健康帮助的医师，多为没有法医专业背景的临床医师。这些人不是科班出身，在检验尸体时就可能做出错误的判断，而警方还需要参考这些给活人看病的医师的意见破案，这怎么能不令人担忧？

而且不论是否施行了法医制度，如果尸检依然无法确定死因，就要对尸体进行解剖。在没有施行法医制度的地区，尸体解剖是在大学的法医学教室等地进行的。可倘若临床医一开始没发现异状，尸体被送去火化了，又谈什么解剖呢？——这样的事情确实时有发生。

此外，不同地区的监察医也存在经验上的差距。东京都监察医务院每年接收一万多具尸体，这个数字对其他地区来说简直是天方夜谭。

根据2014年（平成二十六年）的统计，东京23区全年死亡人数为75626人，其中13301具尸体需要进行检验，占死亡总人数的17.6%，2225具尸体需要进行解剖，占尸检人数的16.7%。

算下来，平均每天需要解剖6具尸体。

第1章 / 欢迎来到法医教室

监察医的一天

现在想想，我没退休前的日子当真忙碌异常。

我早上7点左右离开家，8点至9点处理事务性工作，9点之后的工作每天不同：每周有三天负责检验尸体，一至两天负责解剖，尸检和解剖基本交替进行。若当天什么都不用做，就需要继续处理事务性工作，或者给学生讲课，又或者进行自己的研究。

轮到尸检的那天，我一般早上9点开始奔波于东京市内。如果发生了重大案件或者非常紧急的案件，即便是深夜，我们也会被叫去现场勘查；但如果案件没有那么紧急，前一天傍晚、夜里死掉的人会推到第二天。

非/正/常/死/亡/事/件/簿

就拿我当时的例子来说，前一天下午4点到次日清晨共出现了19具尸体。我们一早分配好任务，5个小组，每组3人（分别是监察医、助手和司机），每组大约需要检验4具尸体。

我负责的是池袋的跳轨自杀案、目白的病死案、新宿的刺杀案、荻洼的交通事故，非正常死亡的情况确实不少。

检验一具尸体需要一个小时左右，加上花在路上的时间，四场下来已经是傍晚了。

当然，这并不是我们的全部工作，当天上午或者下午稍早些时候发现的尸体也要由我们负责。所以那天我还处理了一起杉并察署管辖范围内的上吊自杀案，一天一共跑了五个地方。

东京每天都有三四十具尸体需要检验。

我们再来说说解剖。

上午通常会有3台解剖，我们被分为3个小组，每组1具。而到了下午，又会有新的尸体送过来。

我从1959年（昭和三十四年）来监察医务院工作，一直到1989年（平成元年）退休。三十年来，共解剖了五千余具尸体，平均算下来，每年要解剖一百六十多具。而与此相对的，大学的法医学教室只负责司法解剖。那么两者之间存在经验上的差异，也就不难理解了。

依照现行的制度，不同地区对非自然死亡的尸体有着不同的处理方式。这是事实，我们无法否认。死于非命的人可能被当作普通尸体处理，连解剖都不进行；有时即便进行了解剖，也没能揭露事实真相。

尸体无声呐喊，希望能将凶手绳之以法。

可一些人依然听不到他们的声音。

这种情况还不在少数。

非/正/常/死/亡/事/件/簿

课堂上学不到的东西

　　大学的医学部虽然开设了法医学的课，但课堂上的知识并非都适用于实战。

　　比如"尸僵"这一现象。

　　尸僵，指的是人死一定时间后，肌肉产生的硬化。法医学教材通常将尸僵分为以下两种情况：下行次序（从下颌、颈部关节开始僵硬，从躯干延伸到上肢、下肢）和上行次序（与前者相反，从下部关节开始僵硬），可实际并没有这么简单。

　　根据我的经验，疲劳的肌肉更容易僵硬。

　　我曾经遇到过这样一起案子：一位老妇人在堤上摘野

第1章 / 欢迎来到法医教室

菜,不慎滑落河中溺死了,她右手握着艾蒿,直到死去也没有松开。

也许在很多人看来,如果一个人握着什么东西死去,那么这样东西对他/她而言一定十分重要,然而事实并非如此。

在这起案件中,老妇人并没有将艾蒿视作比生命更宝贵的东西,只不过因为长时间攥着,手指比身体其他部分的疲劳程度更高,最先开始僵硬罢了。

一般来说,尸僵出现在死亡一两个小时后。但如果死者生前进行了剧烈运动,骤然死去,那么他/她就可能一直保持临死时一瞬间的姿势,这种情况被称作"尸体痉挛"。

过去的教材里有这么一篇"美谈"——一名叫作木口小平的日本士兵在战争中被击中后,仍不忘吹奏军号。原文是:木口小平被敌人的子弹击中了,至死也没放开手里的军号。

很多人钦佩他的这种行为,可事实上,这不过是尸体痉挛现象而已。虽说听上去有些不近人情,但和老妇人没有松开艾蒿是一个原理。

木口小平的事暂且不提,我们再回到课堂教学与实战经验的问题上。

　　即便学生选了法医学的课,也不会知道肌肉的疲劳程度直接影响尸僵,因为老师不会在课上讲。科学的发展令人目不暇接,但学生们如今使用的依然是过去从德国翻译过来的法医学教材。

　　多去几次现场,往往就能发现问题。

　　实际体验一下监察医的工作是非常有必要的。

第1章 / 欢迎来到法医教室

揭开尸体之谜的"八问"

我没退休之前一直在想,如何帮助那些死去的人还原真相。为此我特意归纳了"八问原则",每当面对尸体,就在心中反复问自己。我在之前的拙作中也写过,这里略加补充,再和大家简单聊一聊。

所谓"八问",指的就是:

一问时间(死者是什么时候被杀害的)
二问地点(死者是在哪里被杀害的)
三问凶手(死者是被谁杀害的)
四问同伙(凶手是否有同伙)

非 / 正 / 常 / 死 / 亡 / 事 / 件 / 簿

五问动机（凶手为什么要杀人）

六问死者（死者是谁）

七问方法（死者是被如何杀死的）

八问结果（最后的结果是什么）

这就是我归纳的"八问原则"，有点类似写文章时需要注意的"5W1H"①。也许有人看到这里会疑惑："有几项不应该是警察的工作吗？"从职责上说确实如此，但我认为监察医也应该有这种意识。只有心中时刻提醒自己，才能在尸检、解剖时发现问题，才能"听到"死者的声音，从尸体入手，把握案件的整体脉络。

接下来，我们就来具体说一说这"八问"。

一问时间（死者是什么时候被杀害的）

尽可能准确地推定死亡时间有助于锁定犯罪嫌疑人。

当街无差别行凶者另当别论，大多时候，犯罪时间是模糊的。周围人提供的信息固然重要，但死亡时间关系着

---

① 5W1H，又称6W分析法或六何法，即何事（What）、何人（Who）、何时（When）、何地（Where）、何解（Why）及如何（How）。

犯罪嫌疑人是否有不在场证明,是解决问题的突破口。

尤其当我们没能第一时间发现尸体,过了几天案件才逐渐浮出水面时,首先要确定的就是死亡时间。就算在科技飞速发展的今天,我们依然不能将死亡时间精确到几时几分几秒,只能通过尸体的情况判断大约经过了多久。

不过尸体腐败与很多因素有关:案发时是夏天还是冬天?案发地属于炎热的地区还是寒冷的地区?死者身材是胖还是瘦?这些因素都会影响腐败的快慢。

法医学就是一门从尸体上的细节推导出事实真相的学科。

关于死亡时间,还有几个小知识想和大家分享。

一、死后体温下降

人死之后,身体不再产生热量,体温就会慢慢下降,直到与外界气温持平。一位法医界的老前辈——平濑文子曾调查了2778具尸体的直肠温度,写了一篇名为《论直肠内温与死后时间的关系》的文章。这是一篇实用价值非常高的文章,我在工作中也有参考,具体内容可以概括如下:

"外界温度为20℃时,死亡后的前5小时

内,每小时约降低1℃;5小时至24小时内,每小时约降低0.5℃。"

这个结论虽然不是特别严谨,但也可以帮我们大概估算死亡时间。当然,我们也可以根据实际情况做出调整,比如当外界气温不是20℃时又会怎么样呢?

不过和尸体腐败相类似,尸体体温下降也取决于当时的气温、案发地的环境、死者的体格等诸多因素。由于死者生前的体温不尽相同,有人是36℃,有人是38℃,所以我们在做出判断时,必须综合考虑上述所有条件,经验也就显得尤为重要了。

直肠内温与死后时间的关系

(基于东京都监察医务院平濑文子的统计)

外界气温/℃ 死后时间	3~5	6~8	9~11	12~14	15~17	18~20	21~23	24~26	27以上
5小时	26.5	27.5	27.6	30.0	30.6	31.2	33.1	33.6	33.9
10小时		25.5	26.0	27.3	27.9	30.2	31.3	31.8	33.0

续表

外界气温/℃ 死后时间	3~5	6~8	9~11	12~14	15~17	18~20	21~23	24~26	27以上
15小时	22.3	24.2	24.8	26.6	27.0	28.2	29.3	30.5	31.5
20小时	20.5	21.1	22.1	24.1	25.1	26.1	27.3	29.1	30.3
30小时	12.9	14.3	15.8	19.1	20.6	22.1	23.9	26.6	28.7
40小时		12.1	13.3	15.7	18.5	20.9	22.9	25.7	28.5
50小时	6.5	12.5	13.5	16.5	17.0	21.0	22.5	28.5	

（2778例）

二、尸斑是怎么出现的

人死后血液循环停止，血管内的血液因缺乏压力而沿着血管网坠积于尸体低下部位，这就形成了尸斑。如果一个人仰面死去，那么血液会集中在背部，进而透过皮肤呈现出斑块。

人死后平均2小时开始出现尸斑，20小时后程度最深。尸斑通常呈红褐色，皮肤颜色越深，尸斑的颜色也越暗。黑人身上则不怎么显现出来。

我刚才说过，如果一个人是仰面死去的，那么血液会集中在背部，但由于肩颈部、臀部承担了身体的重量，血管遭到压迫，没有血液流入，所以尸斑经常出现在没有压迫的腰部。

如果一个人上吊自杀，血液就会集中在下半身，尸斑也会出现在下半身。倘若悬吊的尸体的腰部出现了尸斑，那么就很值得怀疑了——因为死者可能是仰面死去后再被人吊起来的。

有人将凶杀伪装成自杀，也有人将自杀伪装成病故，但尸斑却做不了假。

此外，一氧化碳中毒和冻死的人的尸斑会呈现樱红色，也是很好的判断依据。

三、尸僵是怎么一回事

人死后一段时间内全身肌肉松弛，随着时间推移，一两个小时之后出现尸斑，肌肉也会逐渐变得强直、坚硬，各关节慢慢固定下来，20小时左右僵硬程度最高。

那么是不是尸体所处环境的气温越低，就越容易出现尸僵？

其实不是的，而且恰恰相反：温度越高，尸僵产生得越早。

至于尸僵产生的原因，一般认为，人死后肌肉里的

第 1 章 / 欢迎来到法医教室

三磷酸腺苷①（Adenosine Triphosphate，ATP）分解、糖元②降解、乳酸增加，这就导致尸体僵硬。

那尸体究竟从哪一部分开始僵硬？关于这个问题，其实并没有统一的答案。正如我前面所说，越是疲劳的肌肉越容易出现僵硬。通常来说，人死后或者意识模糊时，尿道括约肌、肛门括约肌、瞳孔括约肌等肌肉麻痹，大小便会失禁，瞳孔也会放大。

上吊的尸体很多时候会失禁。

如果不想被别人看到这副模样，还是不要选择这样的方式结束自己的生命为好。

矢吹丈③真的死了吗？

曾经有一家媒体找到我，希望我能从法医学的角度鉴

---

① 由腺嘌呤、核糖和 3 个磷酸基团连接而成，水解时释放出的能量较多，是生物体内最直接的能量来源。
② 人类等动物和真菌储存糖类的主要形式，是多糖的一种，由葡萄糖失水（脱水）缩合作用而成。其主要生物学功能是作为动物和真菌的能量储存物质。
③ 漫画《明日之丈》（原题：あしたのジョー）的主人公。1968 年 1 月 1 日（发售日为 1967 年 12 月 15 日）— 1973 年 5 月 13 日期间，《明日之丈》在讲谈社的《周刊少年 Magazine》上连载。矢吹丈在最终集拼尽全力的姿态，成为动漫画界中最有名的场面之一。

定拳击漫画《明日之丈》的最终集里,主人公矢吹丈是否真的死在了拳击场上。矢吹丈在与拳击界的王者荷西·孟德萨对决之后,坐在椅子上,耗尽全身力气的场景给人们留下了极为深刻的印象。那么他最后到底有没有死,一直是人们争论不休的话题。

作为一名监察医,我给出了"还活着"的答案。

我的解释如下:

从这张图可以看出,虽然矢吹丈垂着手臂,肌肉似乎已经松弛了,但他依旧保持着坐着的姿势。如果他以这个姿势死去,由于头部的重量,他的身体就会前倾。既然他还能控制自己的肌肉,就说明没有发生尸僵。此外,如果他已经失去意识,就很可能出现大小便失禁的情况,但画面上并没有,由此可见,他只是劳累过度而已。

时代不断变化,现在连漫画里的人物都需要我们来鉴定了。

四、尸体从什么时候开始腐败

尸僵出现以后,体内的蛋白质分解,尸体逐渐腐败。随着时间的推移,僵硬程度慢慢缓解,腐败程度不断增高。

人活着的时候会分解有机物，产生能量。而伴随生命的消亡，有机物转换成无机物（钠、钙等），尸体会慢慢变成无机物，化作土壤。这一过程的开始就是腐败。

尸体腐败的程度也取决于周围的环境。

这里值得一提的是"Casper法则"①——如果将尸体在空气中的腐败速度作为基准，那么"水中的腐败速度是空气中腐败速度的1/2，泥土中的腐败速度是空气中腐败速度的1/8"。不过刚才我也说过，环境对腐败的影响很大，我们不能一概而论，这个法则也仅供参考。

五、胃内容消化程度

我们还可以通过胃里残留食物的消化程度判断死亡时间。

以日本人的饮食为例。饭后10分钟左右，食物就开始从胃向十二指肠转移，这个过程持续两三小时。当然，这也取决于食物的状态、个体的健康状况以及精神状况。通常来说，液体状食物转移得更快，固体状食物反之，尤其是脂肪含量较高的食物更容易在胃部停留较长

---

① 尸体在空气中、水中、泥土中的腐败速度之比为 8∶2∶1。

时间。

饭后30分钟左右,和食物一起向十二指肠转移的还有胆汁,食物会被染上黄色,故而粪便也呈黄色。人进食以后,胆囊内的胆汁会减少,而空腹时储藏在胆囊中的胆汁会增加。

六、青鬼、赤鬼、黑鬼、白鬼

随着腐败过程的进行,尸体内部就会产生以硫化氢、氨为主要成分的腐败气体。血红蛋白与硫化氢结合产生硫化血红蛋白,人的皮肤也会呈现污绿色,尸体会因腐败气体而膨胀起来。我将这种状态的尸体称作"青鬼"。

在这里特别说明一下,这些"鬼"都是我自己起的名字,并非标准的分类方法。

接着尸体会逐渐变为赤褐色,形成"巨人观"[1]。我将这种状态的尸体称作"赤鬼"。腐败程度继续加深,尸

---

[1] 高度腐败的尸体,由于全身软组织充满腐败气体,其颜面肿胀,眼球突出,嘴唇变厚且外翻,舌尖伸出,腹部膨隆,腹壁紧张,阴囊膨大呈球形,整个尸体肿胀膨大成巨人,难以辨认其生前容貌。这种现象称为腐败巨人观。

体就会变成黑色（黑鬼），最后只剩下白骨（白鬼）。

腐败程度也与周围的环境息息相关，有时在炎热的夏季，不过几天时间尸体就可能化作白骨。

苍蝇会在尸体口、鼻、眼眶等处产卵，24小时后，卵就会孵化出蛆进而侵蚀身体，这也是导致白骨化的原因之一。蛆虫的成长速度很快，平均四五小时长1毫米，四五天便可化为成虫。苍蝇7~10天后重新产卵，开始下一个循环。

对于监察医来说，蛆虫是十分重要的参考依据，我们可以通过测量蛆虫的长度，推定死亡时间。当然，蛆虫的成长速度也和季节、气温有关，这一点要特别注意。

七、木乃伊、尸蜡化

有些尸体被发现时已经成木乃伊了。

在尸体开始腐败之前将其风干，体内的水分就会蒸发，进而形成干尸。一般来说，木乃伊更容易出现在沙漠等空气流通较好且干燥的地方。但只要条件适宜，哪怕是家里或者宾馆也能制作出木乃伊，比如此前就有人在日本发现了木乃伊。

如果尸体在腐败之前没有被风干，而是形成了有油腻感的固态蜡样物，那就是"尸蜡①"，这一过程被称作"尸蜡化"。和木乃伊的形成条件恰好相反，尸蜡需要低温、潮湿的环境，比如浸泡在冷水中。尸体的脂肪先水解为甘油与脂肪酸，脂肪酸再与冷水中的钙、镁、钾等离子结合，形成不溶于水的皂化物。

不论是木乃伊还是尸蜡，形成过程都需要3个月左右。像日本这种四季分明、气候变化比较快的地区，即便人们能发现这种不同寻常的尸体，看到的往往也是一半木乃伊或者尸蜡化，另一半却腐败了的尸体。

在了解这些小知识之后，我们再回到死亡时间推断的话题上。

死亡时间对案件的侦破极其重要，它不仅是识破伪装的关键，也关系着犯罪嫌疑人是否有不在场的证明。比如当我们在尸检现场听到这样的话，"我昨天晚上10点还见过他，他肯定是那以后被杀害的"，如果我们能推算出较

---

① 晚期尸体现象之一。尸体长期浸在水中或埋在水分丰富的泥土中，因缺乏空气，腐败缓慢或停止，尸体的脂肪、蛋白质等成分分解变化，形成固态的脂肪酸及其化合物，使尸体组织呈现灰白色或黄色蜡状。

为准确的死亡时间,就能很快知道这个人是不是在说谎。

我们再来看看其他"几问"。

二问地点(死者是在哪里被杀害的)

确定死者真正的遇害地点也非常重要。

抛尸现场不一定是案发现场,尤其是从河里打捞出尸体,必须先搞清楚他是落水身亡的还是被人杀害后扔进河里的。关于这一点,尸体也会告诉我们答案,具体原理我会在后文里说。

此外,如果我们在东京湾发现一具尸体,除了要查明他的死因,还要分析他是在东京湾里溺死的还是在河里溺死后漂到东京湾的。

人体内的盐分浓度与血液、汗液差不多,约为0.85%;而海水的盐分浓度为3%~5%,比人体高很多;河流等淡水环境不含盐。由此可知,如果一个人在海里溺死了,他身体内的含盐量就会增加,与之相反,在河里溺死的则会下降。只要检测出尸体血液里的盐分浓度,就不难判断出他是在哪里溺死的。

三问凶手（死者是被谁杀害的）

有人也许会觉得，调查凶手的身份难道不是警察的工作吗？事实上，监察医确实不参与抓捕凶手的过程，但有时也能从尸体判断出凶手行凶时的心理状态。如果能推导出犯罪心理画像①，就有可能推进案件的侦破。

我曾做过很多起案件的犯罪心理画像，大概也是这个原因，导致一旦有什么离奇案件发生，媒体就会来寻求我的意见。

四问同伙（凶手是否有同伙）

经常有警察在尸检现场问我："凶手是单独作案还是团伙作案？"这个问题不太好回答，但只要细心观察，也能找到突破口。

如果尸体身上有伤，那么这些伤是怎么形成的？被拳打脚踢？遭钝器殴打？还是死者自己摔了一跤？……有时伤口也会告诉我们：凶手不止一人。

很少有人会在杀人时更换凶器，如果一具尸体上出现

---

① 在侦查阶段根据已掌握的情况对未知名的犯罪嫌疑人进行相关的行为、动机、心理过程以及人员心理特点等分析，进而通过文字形成对犯罪嫌疑人的人物形象及活动征象的描述。

第1章 / 欢迎来到法医教室

了不同种类的伤口，就要考虑凶手可能不止一人。监察医要及时将这一信息告知警方，以推进案件的侦破。

如果警方逮捕了一名女性，并认定她是一起碎尸案的犯罪嫌疑人，也许会有人提出质疑：她一个女人怎么可能办得到？肯定有同伙。

但女性孤身一人行凶碎尸的案子确有发生。

1994年（平成六年）曾发生过一起"福冈美发师碎尸案"[①]。当时，不少犯罪心理画像专家认为"凶手要么是残忍的心理变态，要么对死者怀有深深的怨恨"。但是在我看来，"这类凶手多为女性"。有不少人支持我的观点，"上野说得有道理"，甚至引起了不小的讨论。

凶手之所以会选择如此残忍的手段，是因为她更多考虑的是如何避人耳目。只有偷偷处理掉尸体，才能躲避警

---

① 1994年3月3日，清洁工在熊本县玉名郡的垃圾箱里发现了一只断手（左手）。同一天，又有人在熊本县山门郡发现了另一只断手（右手）。3月4日，警方在熊本市JR熊本车站的投币储物柜发现了被黑塑料袋包裹的部分躯体。经过DNA鉴定，认为这属于同一个人。3月7日有人报警说家人走失，警方才确定死者身份——一名30岁的美发师。凶手是她的上司（38岁，女性），一口咬定死者与自己的情夫有不正当关系，所以将其杀害。1999年9月，最高法院以杀人等罪名判处凶手16年有期徒刑。

方的追捕。将一具完整的尸体丢掉实在太容易引起别人怀疑，即便下刀时内心再怎么害怕，为了活命也要尽可能将尸体切成小块。

而这种心理更容易出现在"弱小的人"身上。

此外，这类凶手通常不会和其他人商量自己的杀人计划，所以单独作案的概率比较大。

五问动机（凶手为什么要杀人）

监察医检验尸体，是从医学的角度调查死因，一般不考虑凶手的犯罪动机。

所以在尸检现场，警方最先想知道的，是这起案件是否属于凶杀案。"他是怎么死的？""他什么时候死的？"……解决了这些问题，他们才会问"他为什么要杀人"？

尸体有时会告诉我们凶手的大致情况：心怀怨恨的熟人？素未谋面的无差别杀人犯？抑或强奸杀人犯？这其实就是所谓的犯罪动机，或者说目的。搞清楚了这些，案件就更容易分析了。

根据我以往的经验，在昭和时代，虽然也有藏在陌生人家里的强盗杀人和强奸杀人，但大多数人行凶是因为钱或异性纠纷。不论哪一种，他们的犯罪动机都十分明显。

然而现在，情况则有所不同。

近些年，越来越多的"无明确动机杀人"出现在人们眼前。

无所谓杀的是谁、只要杀了人就行……也许在凶手看来，"想杀人"本身就是他们的目的。但这类凶手和被害人没有什么交集，是有计划谋杀还是无差别暴力？会出现两个极端，也使案件容易成为悬案。

六问死者（死者是谁）

确认死者（被害人）身份是展开调查的第一步。

只要确认了死者的身份，我们就更容易找到他与凶手之间的接触点，进而通过调查他的经历，最终锁定凶手（前文提到的"无明确动机杀人"则不在这个范围内）。

但有时，确认身份本身就是一件很困难的事。

飞机失事、电车脱轨、地震、海啸……当许多鲜活的生命消失于一瞬，确认身份就变得尤其困难。但即便如此，我们也不得不这么做，一方面是为了找出死因，另一方面是为了能将遗体准确地交到他们的亲属手上。

这类案件通常会用到DNA鉴定技术，比如2017年（平成二十九年）的座间九尸案。

非 / 正 / 常 / 死 / 亡 / 事 / 件 / 簿

那么在DNA技术普及之前，人们又是怎么做的呢？

有人在捕捞金枪鱼的渔网里发现了一条鲨鱼，而鲨鱼的胃里有一截人类的右手。为了搞清楚这只手是谁的，我们必须知道这个人死了多长时间、死者的血型、死因以及职业等。

我们利用X射线观察骨骼形状，并通过对比手骨的形状、长度与标准值之间的差别，大致推断出他的年龄与性别——男，五十多岁。由于死者的指纹呈螺旋形状，和西方人相比，这种指纹多出现在东方人手上，所以我们认为他是日本人。此外，他血管肥厚、手掌皮肤粗糙，所以很有可能是体力劳动者。

最后，我们综合考虑了断手被发现时的情况，并结合"断裂的肌肉组织出血较少"这一特征，认为他"死后才被鲨鱼吞食，断手在鲨鱼胃里存在1~2天"。

一只断手足以告诉我们这么多信息，但遗憾的是，这些信息还不足以确认他的身份。这起案子就这么不了了之了，断手后来被泡在福尔马林里，留在了监察医务院。

如果找不出被害人是谁，案件就难以推进。

为了早日破案，监察医要竭尽一切所能。

1990年(平成二年),日本首次将DNA鉴定技术运用到案件侦破中。

不过当时人们是想通过这项技术找出凶手,但自那以后,DNA技术也被应用到确认死者身份的环节。

人类所有细胞的细胞核里都有DNA(脱氧核糖核酸),其排列顺序就是亲代传递给子代的遗传信息。一般来说,遗传信息各不相同,因而我们才能通过DNA判断一个人的身份,做亲子鉴定。

只要有一滴血、一根毛发就能完成这项工作。

但由于我国目前还没有建立DNA采集库,所以只能对比两份DNA是否一致,而不能通过死者的DNA或者现场遗留的凶手的DNA判断他们是谁。

七问方法(死者是被如何杀死的)

勒死、殴打致死、分尸、毒杀……杀人的方法多种多样。

一个人究竟是怎么死的?就是监察医必须搞清楚的问题。

也许在一些人看来,火灾现场发现的尸体一定是被烧死的,水中发现的尸体一定是溺死的。可事实真是如此吗？这种先入为主的观念有时反而是凶手的圈套，但只要仔细观察尸体，就能发现一些玄机。

如果一个人是被烧死的，那么他死前一定会吸入烟灰、一氧化碳等物质，气管会附着黑色炭末，血液里也会检测出大量的一氧化碳；但如果是死后焚尸，死者被抛入火中时已经停止呼吸，气管中不会附着炭末，血液里的一氧化碳也呈阴性。

所以火灾现场发现的尸体都必须经过解剖，就是为了确定死因。

凶手为了隐藏杀人手法，常常在尸体上做一些伪装，焚尸就是手段之一。他们认为只要把尸体烧掉了，就不会留下证据，大家也无从判断真正的死因是什么。但我在后面会做出具体解释——无论尸体被烧成什么样子，都逃不过专业人士的眼睛。

尸体会亲自"告诉"我们，他是怎么死的。

八问结果（最后的结果是什么）

我在前文反复强调，只要具备专业知识并秉承认真细心的态度，就一定能发现遗留在尸体上的蛛丝马迹，最终揭开真相。但有时，真相也会出人意料。有这样一起

案例:

　　一位年轻的主妇跳楼自杀了,尸体上有很多伤口——并非坠楼导致的,而是被人打的。

　　大家的第一反应可能是:这位主妇不是跳楼自杀,而是在争执中被人推下来了。警方最初也是这么想的,但事实并非如此。

　　主妇生前确实和丈夫发生过激烈争吵。丈夫破口大骂:"你怎么不去死啊?!"妻子回应:"那我死给你看!"然后她就从楼上跳了下来。隔壁的邻居也目击到案发的一瞬间。

　　所以即便主妇身上有拳打脚踢的痕迹,这起案子依旧被定性为自杀。

　　显而易见的表面背后可能藏着出人意料的隐情。

　　对于监察医而言,不论什么时候,都不能被表象迷惑,要时刻铭记上述"八问",深入分析案件,不遗漏任何一个细节,才能揭开层层迷雾背后的真相。

有关溺死的研究与判断标准

在尸检、解剖的过程中，溺死类尸体往往更依赖执行者的经验。

我退休前，曾研究过这个以往鲜少有人涉及的领域，也取得了较为丰硕的成果，得出结论——60%的溺死者会出现"颞骨锥部①内出血"这一现象。

曾经有过这样一起案例：

一名游泳选手在脚可触底的浅水池里死了。当时负责检验尸体的医师说这个人是溺死的，立刻遭到反驳："游

---

① 又称颞骨岩部，为颞骨的一部分，形似一横卧的三棱锥体，位于颅底，嵌于枕骨和蝶骨之间，内藏听觉器官和平衡器官。

泳选手怎么可能在这种地方溺死？就算呛了水，只要站起来就没事了。"那位医师表示："可能引发了心脏麻痹吧。"这回就没人反驳了。

人死之后，心脏停止跳动，其实不止心脏，大脑、呼吸（肺）的功能都会停止。但心、脑、肺的麻痹属于症状，而非死因。什么引起了心、脑、肺各功能丧失？这才是真正的死因，也是监察医需要弄明白的问题。

在我看来，上面那位医师将死因简单归结为"心脏麻痹"是不负责的。

那么究竟是什么引起了心脏麻痹？我对此感到十分好奇，于是开始了这方面的研究。

过去，如果人们在海里发现了尸体，会通过能否在他的肝脏、肾脏里检测出浮游生物判断这个人是否是溺死的。如果是溺死的，就会有水进入他的肺部，浮游生物也会随之进入血液，进而残留在肝脏、肾脏里。但在一些案例中，即便死者不是溺死的，也能在他的肝脏、肾脏里发现浮游生物。所以也有人认为，这不能成为判断标准。

为此，日本法医学会向当时的文部省申请了一笔研究经费，用于研究这个问题。经费确实有了，但加在一起不过200万日元,平均分配给十二所大学,每所大学也就16万而已。一些关于癌症的科研项目,有时能拿到上千万日元的经费。这差距实在是太大了。

而我就是拿着这笔几乎称不上研究经费的钱,一边感慨"法医学真是苦啊",一边潜心研究,最终发现了"颞骨锥部内出血"这一现象。

第1章 / 欢迎来到法医教室

溺死中出现的颞骨锥部内出血

我先简单介绍一下锥部内出血的原理。

人在游泳的时候,一旦鼻腔进水,就会感到耳朵刺痛。这是因为水流进入了沟通鼓室和鼻咽腔的管道——咽鼓管。如果人在水中持续呼吸,咽鼓管中的水就会做活塞运动。这样一来,会给颞骨锥部的乳突小房①施加压力,从而引发黏膜及毛细血管破裂,导致出血。

---

① 为颞骨乳突内的许多含气小腔隙,大小不等,形态不一,但互相连通,腔内也覆盖着黏膜,且与乳突窦和鼓室的黏膜相连续。

> 锥部乳突小房

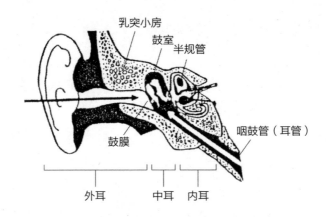

知道了这些，我们就可以做出如下判断。

- 病故——颞骨锥部呈苍白色，无异常表现。
- 窒息死——乳突小房内有瘀血，锥部呈赤褐色或淡青蓝色。
- 溺死——锥部出血，乳突小房充血。

死因不同，颞骨的情况也会有所不同。

第1章 / 欢迎来到法医教室

　　颞骨锥部的乳突小房包裹着三个半规管[①]——上半规管、后半规管和外侧半规管。乳突小房出血时，三个半规管的功能会受到影响，人会因此失去平衡。这也解释了为什么游泳健将也可能溺死在浅水区。

　　1966年（昭和四十一年），我在法医学会上发表了一篇名为《会游泳之人的溺死》的论文，解释了"溺死中出现的颞骨锥部出血"这一现象。当时我的学说得到了广泛认可，这部分内容也被写入法医学教材。

　　如果类似这样的研究成果越来越多，法医学也会有更好的发展。但我的情况实属个例，大多时候我们在尸检、解剖中的新发现并不会被收录进教材。

---

① 半规管（Semicircular Canals），是与维持姿势和平衡有关的内耳感受装置，内耳的组成部分。

颞骨锥部	病死	窒息死	溺死
锥部			
切面	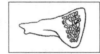		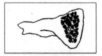
组织			
	颞骨锥部无异常表现 锥部呈苍白色，切面可看到乳突小房无充血。	**锥部瘀血、浮肿** 锥部有瘀血，锥部呈赤褐色或淡青蓝色；切面的乳突小房的黏膜呈红色，可见浮肿及毛细血管出血。	**锥部出血** 锥部出血，呈赤褐色。乳突小房充血。

第 1 章 / 欢迎来到法医教室

法医学是一门"杂学"

再补充一个关于水中尸体的知识。

凶手杀人后,往往会给尸体捆上重物再抛入水中——为了避免尸体浮上来。那么究竟要附加多重的东西,尸体才不会浮起来?教材里并没有给出答案。

我虽然知道,但为了避免被有心之人利用,在此不做公开。

曾经有一个凶手分别在成人、儿童的尸体上加了6千克、4千克的负重。他以为尸体肯定会沉下去,但由于人死后身体会充满腐败气体,没过几天,两具尸体都浮了上来。

所以事情并没有你想的那么简单。

还有一名女子在杀死一名男子后,从桥上将尸体抛入湖里。那时,她在尸体上捆了3个装满5升水的聚丙烯容器,相当于15千克的负重。但由于容器里的水和湖里的水比重相当,根本起不到作用,最终尸体还是浮了上来。

如果在水中发现了尸体,人们会比较关心他是怎么死的:溺死?事故?还是凶杀?

为了搞清这一点,我们首先要判断他在入水时是否还活着。

也许有人会认为,如果尸体的手上出现褶皱,是不是就可以说明他是溺死的呢?毕竟在日常生活中,如果长时间将手泡在水里,就能看到这种现象。

可事实并非如此。即便把尸体抛入水中,尸体的手上也会出现褶皱。这不能成为判断依据。但死者肝脏、肾脏里不同种类的浮游生物会告诉我们他是在哪里溺死的,在淡水里还是海水里。

法医学是一门"杂学",只有保持好奇心,积累丰富的经验并不断学习各领域的知识,才能提高鉴定的准确度。

第1章 / 欢迎来到法医教室

足以获得诺贝尔奖的发现

法医学并非"全球通用"。即便都在日本,案件的发生地不同,鉴定尸体的人不同,得出的结论也可能不同。在如今这个科技高度发展的时代里,人类的脚步甚至踏上了月球,但法医学依然需要依赖经验和知识,因为能套用公式算出结果的情况实在是太少了。

虽然我在前面介绍过,确实有学者总结了一些公式,但那也不是在什么情况下都适用的。人死后体温下降的趋势、腐败的速度,这些都受周围环境的影响。所以和教材相比,经验显得更为重要。

如果真有人能在人体内发现什么东西不受环境干扰而

且能准确推断死亡时间,那么他足以获诺贝尔奖了。

可就目前来说,想做到这一点还非常困难。

总而言之,和大学的法医教室相比,案发现场、解剖室能教会我们的东西更多。

法医学就是这样一门科学。

第 2 章 法医学与猎奇事件、未解之谜

第2章　/　法医学与猎奇事件、未解之谜

碎尸案与出血量

我在本书的开头写过：2017年（平成二十九年），神奈川县座间市的一间公寓里发现了9具碎尸，某档电视节目还原了现场，还邀请我去做模拟调查。当时有同行的工作人员好奇地问："凶手真的是在这么狭窄的地方下手的吗？"

我是这样解释的：

> 浴室其实很适合碎尸。如果空间比较小，凶手通常会先切掉死者的四肢，他/她可以利用浴室的结构，比如将尸体的手脚架在浴盆边缘，

这样操作起来其实比放在平地上更省力。而且即便有血流出来，也会直接流进下水道。

我的描述或许听上去有些血腥，但请大家不要误会，这类碎尸案的现场往往不会鲜血淋漓，相反，尸体的出血量非常少。

那么有人就说了："骗人的吧？我不信，平时手指割破个口子都会流血，肢解尸体不怎么流血？怎么可能？"

如果你亲眼看一次解剖，也许就明白是怎么回事了。解剖台从来不会血肉横飞，出血量少到甚至会让人产生错觉——你们不是在用蜡像做解剖练习吧？

心脏停止跳动意味着输送血液的泵停止了工作。没了血压，血液也就不再流动。如果切开的血管足够粗，确实会流血；但由于人体内的血液大多聚集在毛细血管中，所以即便死后肢解尸体，血液也不会从这种需要显微镜才能看到的血管里喷溅出来。

法医学里有一个术语——生活反应[①]，其中最容易判

---

① 活体对各种外来因素所致损伤或致病因子所产生的反应，常见的生活反应有：出血、栓塞、炎症、创伤愈合等。

第2章 / 法医学与猎奇事件、未解之谜

断的,就是伤口是否出血。

我曾经检验过这样一具尸体。

一个人被用类似水果刀的凶器捅死了,颈部、胸腹部有十八处伤口。我需要一一测量这十八处伤口的大小、深度。

尸体颈部的四处伤口周围有干涸的暗红褐色血渍,说明出血量很大,生活反应强烈。胸腹部的八处伤口附近有零星血迹,还能从刀口看到黄色的皮下脂肪,说明生活反应弱。腹部剩下的六处伤口几乎没有出血,可以看到黄色的皮下脂肪,说明这几处伤口是在被害人失去生活反应后(死后)才出现的。

凶手不可能给死者留过多的喘息时间,行凶过程不过几秒或者十几秒。然而就这短短几秒,也会影响伤口的出血量——生前伤口出血量大,死后(心跳停止后)伤口不怎么出血。

跳轨自杀也是如此。躯干被车轮碾碎,内脏飞溅破裂的情况确实不在少数,但现场的出血量比常人想的要少。人在撞上列车的瞬间就会休克,心脏停止跳动,出血基本也在这个时候停止了。解剖尸体时并不会出现血流如注的场景——这就是人的身体构造。

非 / 正 / 常 / 死 / 亡 / 事 / 件 / 簿

生活反应

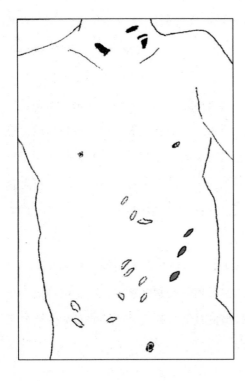

生活反应
强（生前）

生活反应
弱（濒死）

生活反应
无（死亡）

第2章 / 法医学与猎奇事件、未解之谜

犯人的心理发生了三次变化

我继续刚才的话题。

尸体的颈部有四处伤口,但没有抵抗伤[①],说明死者遭到袭击时正在睡觉或者没有防备。颈部的四处伤口中,有一处出血量很大,切到了颈动脉,可能就是这一刀导致死者血压急速下降,失去了意识。

凶手在死者失去意识后又捅了他八刀,死后补了六刀,究其原因,恐怕是担心一旦死者还手,自己就没了招

---

① 他杀性锐器损伤过程中,受伤者出于防卫本能接触锐器所造成的损伤。

架之力吧。凶手不知道对方已经死了,慌乱中也不在乎捅的是不是心脏这种要害部位,所以才会在尸体上留下十八处散乱的伤口。

心理学家在分析这类案件时,总是认为"凶手极其残忍,对死者心怀怨恨";法官①也更倾向"凶手杀人意图明显"。然而在我看来,与其说凶手特别想杀人,不如说他/她更害怕万一这个人没死,死的就是自己。

凶手那时的表情必定狰狞可怖,就算对方根本没有能力反击,也要狠下杀手——那场景想一想都令人毛骨悚然。

凶手的心理、精神状态在这一过程中发生了两至三次改变。

他/她一开始可能为了寻仇或者因财起了歹念,但真动起手来,就根本顾不上仇恨了,因为对方会拼命反抗,稍有不慎就会被反杀。凶手会陷入极度兴奋的状态,逐渐失控,最终被恐惧占据心灵。

---

① 日本国会于2004年通过了司法改革审议会专门的法案,建立了日本式的陪审制度——"裁判员"制度,裁判员与法官具有平等的权限,对事实认定、法令适用和量刑进行判断。在一般情况下,合议庭由职业法官(裁判官)3人和裁判员6人组成,但主审法官根据案件的性质可以决定合议庭由职业法官1人和裁判员4人组成。

第 2 章 / 法医学与猎奇事件、未解之谜

等终于杀死对方,凶手也无暇感到满足,因为他/她要立刻考虑如何保护自己(部分以肢解尸体为最终目的的杀人魔除外),会肢解尸体也是出于这个原因——不想被警方抓到。

非/正/常/死/亡/事/件/簿

不完整的尸体也隐藏着线索

有时我们发现的尸体并不完整，但就算只有一部分，也能帮助我们还原案件的全貌，比如座间九尸案。虽然凶手丢弃了大部分残肢，留下来的遗体也能"告诉"我们凶手行凶时的情形和心理状态。

我在本书的前言部分写过，尸体的头盖骨（颅底）隐藏着死亡信息，这个人是被缢死的？勒死的？还是扼死的？这涉及法医学的知识，具体原理我会在后面介绍。

对于监察医而言，无论尸体是否完整，都要尽可能挖掘线索，不断接近真相，因为死亡原因关乎行凶目的。在座间九尸案中，凶手在互联网上找到有自杀意向的女

第2章 / 法医学与猎奇事件、未解之谜

性,把她们拐骗出来:"我们一起死吧!""我可以帮你自杀。"……

即使结果相同,行凶目的不同,最终的判刑也不同。

我们不能听从犯罪嫌疑人的一面之词,要亲自解开谜底。

法医学就在这时发挥作用。

肢解与医学知识

座间九尸案的凶手说:"我肢解第一个人大概花了三天的时间,第二个差不多一天就够了。"

他其实没有说谎。

哪怕之前从没有做过类似的事,也不具备医学知识,甚至是一名力气很小的女性,为了逃避法律的制裁,也能肢解一具尸体。

在座间九尸案中,邻居报警说隔壁房间传来明显的恶臭,这是因为凶手解剖尸体的方法不正确,胡乱下刀,切断了肠子,里面的排泄物就会流出来,发出阵阵恶臭。如果是监察医或者外科医师,绝对不会犯这种错误。假如

第2章 / 法医学与猎奇事件、未解之谜

凶手一早注意到这些，尸体甚至不会流太多血，只要不腐败，就不会这么早被邻居发现。

掌握一定的医学知识有助于肢解尸体，但为了避免被有心人利用，我就不展开写了。不过可以告诉大家的是，同样是切掉尸体的头颅和手脚，从哪里下刀用的力气是不一样的。另外，即便尸体被肢解得七零八落，我们也可以从切口判断凶手是否具备医学背景，是首次作案还是多次行凶。

座间九尸案的凶手似乎还准备了锯——他大概真的没什么信心。

如果他懂医学，就没有必要准备这些了。

非/正/常/死/亡/事/件/簿

肢解一个人只需要一把手术刀

2001年（平成十三年）曾发生过一起凶杀案。埼玉县某医院的女护士因为感情纠葛问题，将同事兼朋友的另一位女护士杀害了。她先在浴室肢解了尸体，再一点点处理掉。

死者是被人从背后用连裤袜勒死的。

凶手动手前就想好如何处理尸体了，她准备了钢丝锯、手术刀柄、替换用手术刀（十把左右）、菜刀、磨石、食品料理机、口罩、罩衣、手术服、帽子、篮子、酒精和医用无菌布。

周密严谨，十分符合她的职业特征。如果用菜刀切割

第2章 / 法医学与猎奇事件、未解之谜

尸体，刀刃会很快卷曲，所以她事先准备了磨石；食品料理机大概是为了搅碎肉或者细小的骨头——虽然最终没用上；无菌布是为了遮挡对方的脸部——就算再怎么恨之入骨，毕竟是共事许久的朋友，看着她的脸，大概也下不去手吧。

对于普通人来说，肢解尸体真的会对精神造成巨大冲击。

此外，虽记录里没有写，但我认为她还准备了橡胶手套。不论是做外科手术还是解剖尸体，为了预防结核、乙肝、艾滋等疾病，医生都会戴手套。不过橡胶手套很滑，所以她大概还要准备一副工作手套戴在外面。

至于钢丝锯、菜刀和手术刀，大概各有分工吧。

只要知道从哪里下刀最省力，一个女人也可以独自肢解一具尸体。轮不到钢丝锯出场，一把手术刀就足以割掉死者的头颅。

非/正/常/死/亡/事/件/簿

小心互联网的陷阱

此外,座间九尸案还引发了人们对互联网的关注。

2005年(平成十七年)曾发生过一起网络杀人案,虽然我没有直接参与案件侦破,但这起案件的性质实在太过恶劣,大概很多人都有印象。

犯人在互联网上找到想轻生的女性,谎称"我们可以烧点煤一起死",再将女性诱骗出来。事实上,犯人一开始就没想着寻死,他有着异于常人的性癖——喜欢看即将窒息的人痛苦挣扎,而且看到白袜子会兴奋。

所以这其实是一起性犯罪。

他开了一辆租来的旅行车,将女性带入山里。他将她的手脚绑住,套上白袜子,将蘸了涂料稀释剂的纱布塞进她嘴里,把她痛苦挣扎的声音录下来。如果女性中途失去意识,他便拍她的脸,把她弄醒,这样反复多次。直到最后女性窒息身亡,他就脱去她的衣服,将尸体埋进事先挖好的坑里。

犯人用同样的手段杀害了一名男中学生和一名成年男性,最终于2007年(平成十九年)被判处死刑,两年后执行。

这起案件值得人们深思的东西有很多,比如犯人为什么会产生这种性癖?但这不是本文的重点,所以在这里,我更想和大家探讨的是网络自杀的意义以及使用这类网站可能引发的后果。

自杀原本就是很私人的事,我实在不能理解为什么有人要找个伴一起死,更何况是素未谋面的陌生人。

这类网站的使用者一开始可能只是想找个倾诉对象,并非一心寻死。但随着时间推移,他们越陷越深,逐渐没了退路,只能选择自杀。那么又会引发什么后果呢?

不论是座间九尸案还是白袜子杀人案,结局都令人胆寒——死者都遭到了非人的待遇。

据座间九尸案的凶手供述,他先给被害人服下安眠药,再将他们吊起来杀死。但在我看来,这种可能性不高。不过我没有证据,也不能随便下结论。

只是如若那些死去的亡魂能够活过来,他们真的不后悔走向那间公寓吗?

至少我是不相信的。

凶手"帮助"死者"自杀"后,为了避人耳目,肢解了他们的尸体,这种行为无疑是一种侮辱。

为了不被卷入这类悲剧,为了不被践踏尊严,我由衷希望大家可以远离网络自杀。

第 2 章 / 法医学与猎奇事件、未解之谜

埋尸地下与碎尸

我一直主张：碎尸案的凶手往往才是"弱小的人"。

在昭和时期，如果有人一时冲动杀了人，通常会在自家地板下面挖个洞，把尸体埋了。但昭和中期以后，地板下面就不再适合挖洞了，不仅因为房屋构造发生了变化，也因为越来越多的人住进楼房，搬进公寓，独居的杀人犯更是如此。

那么杀了人该怎么办？有人选择抛尸山野，有人选择肢解了再丢掉。现在的人们或许更愿意戴上猎奇的眼镜看待碎尸案，但究其本质，这和昭和时期埋尸地下不无几分相似的地方。

比如上一章的福冈美发师碎尸案，当时我就认为凶手相较死者更为弱小，引起了舆论的广泛讨论。后面亲手杀了同事的女护士也是如此——肢解尸体是为了躲避警方的追捕。

福冈美发师没什么医学背景，切碎尸体后，犯人将碎尸装入小塑料袋里，丢入高速公路旁经常更换的垃圾桶，不过没过多久就被逮捕了。

事情的真相和我推测的差不多。

第 2 章 / 法医学与猎奇事件、未解之谜

出人意料的神户儿童连续杀人案[1]

当然,我的推断也不是每次都准确,1997年(平成九年)的神户儿童连续杀人案就远远超出我的预料。

这起凶案始终没从人们的视线里彻底消失:就在前几年,凶手还以"前少年A"的名义写了一本自传。案发当时他自称"酒鬼蔷薇圣斗",是一名中学生。

---

[1] 指1997年发生在日本兵库县神户市须磨区的一宗连续杀人案。案件中2人死亡,3人重伤,被杀害者皆为小学生。14岁犯人"少年A"于同年6月28日被逮捕,由于行为血腥残忍,进行了包括分尸、破坏尸体、寄送挑战书等犯罪行为,因而冲击了整个日本社会。由于日本司法程序严禁明确揭露少年犯的身份,故在日本的法律文件上,他被称作"少年A"。

非/正/常/死/亡/事/件/簿

有人在某中学校门口发现了一颗头颅，死者是一名小学生，男，嘴里插着纸片，写着类似犯罪声明的内容，署名是"酒鬼蔷薇圣斗"。

那时我也去了现场，并认为"犯人应该不住在这附近""学校的围墙有两米高，所以犯人应该在170厘米以上""可能是三十多岁的男性"……

由于尸体的头颅和躯干上都没有明显的外伤，所以我判断凶手和死者之间一定存在力量上的差距，而且不小。但事实证明，我的这些推断都是错的。

不过我也提供了一些正确的信息，比如警方在找到躯干时，并没有在现场测出鲁米诺反应[①]，他们认为："也许凶手是在其他地方下的手，把血放干了才扔到这里的。"而我告诉他们："人死之后，血液不再流动，本身出血就不多，其实没有那个必要。"

此外，曾有少女在距离案发现场不远处受过伤，也有小动物被杀害，我由此推断："凶手可能胆小怯懦，只敢袭击比自己弱的人。"

---

① 在凶案现场，只要有血液溅出并沾到任何物体上，即便已经被擦除了，只要用鲁米诺试剂喷洒在其上并在暗环境下观察，沾有血迹的地方就会因发生荧光反应而呈现出蓝白色的荧光。

第2章 / 法医学与猎奇事件、未解之谜

所以当警方最后抓到了一名十四岁的少年时，不仅是我，全国人民都震惊了。这着实超出了我当时的理解范围。

这起案件放在整个日本犯罪史上都是非常罕见的[1]。

---

[1] 事件发生后，1997年10月13日，神户家庭裁判所判定将"少年A"送到少年感化院进行诊断。"少年A"被移送至关东医疗少年院。2001年11月27日，被判断治疗相当顺利，因此将"少年A"转移至东北中等少年院。2002年7月，神户家庭裁判所判定，虽然治疗相当顺利，但是还有接受更细密的教育之必要，因此将其继续收容。2004年3月10日，已经成年的"少年A"从少年院出院，踏上重回社会的道路。日本法务省向受害者的家人传达"少年A"假释出院的消息。2015年6月12日，"少年A"以"前少年A"的名义出版的手札《绝歌》于日本书局正式上架，书中自我剖析犯案前的性冲动和精神状况，并在书本最后对死者家属致意，但这种消费受害人的做法遭到日本媒体的猛烈批评。

非/正/常/死/亡/事/件/簿

佐世保女高中生杀人案①

神户儿童连续杀人案之后,陆续又发生了几起案子,佐世保女高中生杀人案就是其中一起。

2014年(平成二十六年),长崎县佐世保市某高校的一名女生在自己居住的公寓里杀害了同年级的另一名女生。警方在房间的床上发现了死者遗体,头部和左手腕已经被切掉了。

凶手和死者之间并没有明显冲突,凶手表示:"我一

---

① 2014年6月26日,15岁女高中生松尾爱和被同班女同学在其位于长崎县佐世保市的嫌犯家中杀害并肢解及斩首,警方调查后确认被害人是被金属工具殴打并被勒死。

第2章 / 法医学与猎奇事件、未解之谜

直想尝试杀人,再肢解了他/她。""我没有同伙,杀人也没有特定的目标。"

凶手一早就计划好了,提前买了锤子和锯子。她先用钝器殴打对方头部,再将其勒死。但她并没有逃跑的打算,否则也不会在自己家里杀人,杀的还是警方很容易查到的对象——被邀请去她家玩的同学。

关于这起案子我不想做过多评论,但对于凶手随意杀人的态度以及荒谬的杀人动机,我表示十分痛心。

就像她自己说的——一直想尝试杀人。可这算杀人动机吗?算,也不算。

我不理解她为什么会这么想,然而这种人确实存在,而且越来越多。

同样是2014年,名古屋大学的一名19岁女学生在自己的房间里杀害了一名老太太,她将尸体放在屋子里就跑回仙台市的老家了。警方后来调查发现,这名女学生以前就尝试过杀人——她曾在同学的饮品中投放铊[①]这种

[①] 元素周期表中第6周期ⅢA族元素之一,对人体的毒性超过了铅和汞,近似于砷。铊是人体非必需微量元素,可以通过饮水、食物、呼吸而进入人体并富集起来。铊的化合物具有诱变性、致癌性和致畸性,能导致食道癌、肝癌、大肠癌等多种疾病的发生,使人类健康受到极大的威胁。

有毒物质。

这位女学生中学时期就知道神户儿童连续杀人案,甚至高度赞扬过"少年A",觉得他"了不起"。她杀人也是出于个人兴趣——"我小时候就对杀人产生了好奇"①。

---

① 2014年7月,犯人54岁的父亲为女儿的心理健康问题向被害人松尾爱和的家属致歉。2014年10月5日,犯人父亲的尸体被发现,被怀疑是上吊自杀。2015年,长崎县儿童中心的心理医生被指没有妥善处理犯人的心理状况,被判有罪。2015年7月13日,长崎家庭裁判所决定把犯人送至医疗少教所。

第 2 章 / 法医学与猎奇事件、未解之谜

游戏杀人与监察医的职责

曾经有一个少年不解地问:"为什么不能杀人?"这个问题至今没有准确的答案。

而我更加不理解的是,为什么会有人提出这样的问题?这种人比前文提到的那些人更加无可救药。

虽然我不想将"杀一个人试试看"这种心理归为一种好奇心理,但就算一个人真的好奇,也会被道德、理性约束。他能问出这个问题,说明他连杀人是错的都不知道,或许在他看来,杀人就是一场游戏。

还有一些案子,看似简单,甚至轮不到监察医出场。但有些凶手警觉性很高,杀了人之后会立刻躲起来,等时

机成熟再展开下一次行动。如果我们不能及时制止他们，就可能为下次犯罪提供了温床；特别是连环杀人案，如果我们一开始就抓住犯人，也许就能避免后面的悲剧了。所以当第一起案件发生时，监察医能否准确判断就显得尤为重要。

此外，我还特别想问问那些视杀人如儿戏的人："如果你是受害者，你会是什么感受？你觉得死者的家人又会是什么感受？当真相大白时，你自己的家人呢？你考虑过他们吗？"

对于凶手的家人来说，他们平静的生活被打破，以后也要躲躲闪闪地生活。而凶手从一开始就没有想到这些。即便站在他人的角度，他的内心也是麻木的。只要这种人存在一天，这类事件就无法根绝。

可谓是悲惨现实了。

第2章 / 法医学与猎奇事件、未解之谜

悬　案

　　神户儿童连续杀人案远远超出我的预料，这样的凶手还不止一人。

　　不过大家也不用过于担心，因为这些毕竟是极为罕见的例子，只要具备足够丰富的经验和知识，大多数案件还是可以被破获的。此前有不少人找我做"二次鉴定"，我也多次推翻前人的鉴定结果，但不容否认的是，这个世界上依然存在很多悬案——真相仿佛近在咫尺，却始终悬而未决。

　　世田谷区一家四口灭门案就是其中一例。

　　2000年（平成十二年）12月30日晚上11点至31日凌

非/正/常/死/亡/事/件/簿

晨，有人偷偷潜入位于东京都世田谷区上祖师谷三丁目的一户人家，杀死了四十多岁的男女主人和孩子（八岁长女和六岁长子），卷走现金逃跑了。

由于这起案件正值世纪交迭之际，而且犯人的行为过于匪夷所思，时至今日依然让我记忆犹新。每到岁末，各类报道里也会频繁写道："距离那起案件十年了。""过去十五年了。"……警方非常重视这起案子，提供有力信息者还能获得高额奖金①，但即便如此，这么多年过去了，它依然是个未解之谜。

本案中，凶手的行为非常诡异。

他先勒死了这家的长子，然后在夫妻二人及长女身上连捅数刀，直到断气也没停手。

他行凶后喝过冰箱里的茶，吃了冰激凌；不仅包扎了自己的伤口，还将沾有血迹的毛巾留在现场；他使用过厕所，并用这家人的电脑上了网；甚至有人推测，他可能还在凶案现场小睡了片刻。

上网、打盹或许不能给我们提供太多有力的信息，但指纹、血液、粪便呢？留下来的线索实在是太多了。警

---

① 搜查特别报奖金，日本警视厅于2007年4月设置的悬赏奖金。

方还找到了凶手穿的外套,并从现场的足迹锁定了他穿的鞋子。

当时大家都认为,凶手肯定很快会被绳之以法。

可谁都不曾想到,这一晃就是十多年。

世田谷案也是弱小之人所为吗？

不少媒体及犯罪心理学家表示："本案的犯人手段残忍，而且对一家人心怀强烈怨恨。"也有人说："（上野）你的观点这回可能不适用了。"

但不管怎么说，我始终坚持自己的看法——凶手之所以会下此毒手，是因为他在害怕。

仇杀确实很常见，可如果一个人是为了寻仇，一心只想着"在被你杀掉之前先干掉你"，一般不会有闲心凌辱对方。等确认对方已死，凶手更多考虑的是如何隐藏罪行，逃之夭夭，而非破坏尸体。

世田谷区一家四口灭门案里，妻子的脸上被划了数

第2章 / 法医学与猎奇事件、未解之谜

刀。有人说凶手是冲着妻子去的,也有人认为,妻子是为了保护女儿才遭此毒手。不管哪一种观点,我们都不能一条路走到黑,尤其是这类案件,要多角度考虑问题,否则会离真相越来越远。

至于凶手为什么会在现场遗留大量线索并拿走了现金,有人认为是障眼法,为了扰乱警方的调查,但在我看来,这种可能性很低。

凶手或许一开始只是想偷东西,结果被家人发现了,这才动手杀人。等他回过神时,事情已经无法收场,慌乱之下不得不思考接下来该怎么办。所以他才会在案发现场徘徊那么长时间,他之所以会做出这些匪夷所思的行为也是这个原因,而正是这种毫无章法,让警方困扰了这么多年。

当然,我至今不知道我的推理是否正确。

但我想告诉大家的是,只因作案手法残忍就说凶手一定心怀怨恨或天性残暴,这种想法是不全面的。

非/正/常/死/亡/事/件/簿

不存在完美犯罪

  不过话说回来，会在现场遗留大量线索的凶手毕竟是少数。更多时候，我们碰到的都是为了躲避警方追捕，尽可能掩盖自己所作所为的犯人——有时，他们甚至连案件本身都想一并抹掉，碎尸案就是如此。

  不少凶手为了毁尸灭迹，想到在尸体或者现场放一把火。

  比如在没过去多久的2017年（平成二十九年）10月，茨城县日立市就发生过这样一起惨案。

  丈夫用菜刀杀死了妻子和五个孩子后，在家里泼上汽油，放了一把火。

  我并没有直接参与本案，据说丈夫很快因杀人，在现

第2章 / 法医学与猎奇事件、未解之谜

居住房屋内纵火被警方逮捕了。母亲及五个孩子被确认死亡,但司法解剖的结果显示尸体的气管内有炭末。也就是说,在丈夫纵火时,他们六个人其实还活着。

丈夫坚持说:"我是先杀了他们,再放的火。"或许他根本不知道自己的家人当时并没有死。

那么他放火究竟是为了什么呢?是为了隐藏罪行,还是为了毁掉自己做的一切?……不管他的目的是什么,都可以被一眼识破。

我曾经遇到过更为巧妙的纵火杀人案,具体会在下一章讲。只是任凭作案手法再怎么高明,尸体依然会如实记录下犯罪的全过程。

遗留在火灾现场的尸体即使外表被烧焦了,大多还保留了内脏,而头盖骨更可以通过解剖告诉我们很多东西。要知道,想通过毁灭证据隐藏犯罪绝非易事。

世界上确实存在悬而未决的案子,但不要因为存在,就想当然地认为,杀了人也可以逍遥法外。

非/正/常/死/亡/事/件/簿

　　我们再来看看奥姆真理教①曾经犯下的恶行。

　　当时还是"治疗省大臣"②的林郁夫（曾经是一名医师，后被判无期徒刑）就给信徒们做过"指纹消除手术"。他不仅剥掉他们手指的表层皮肤，连真皮层都去除了，甚至露出肌肉。这样一来指纹确实消失了，但他们该多么痛苦啊！据说那些信徒几个月内连东西都拿不起来。

　　这种行为太不负责，他怎么说也曾为医者，竟然能做出这等事，实在让人愤慨。而且将这种行为称作"手术"，简直是侮辱手术这个词。

　　另外，就算指纹被抹掉了，现代科技也可以通过掌纹锁定犯人。想通过原始办法逃脱法律的制裁，并没有那么简单。

---

① 日本一个融合了瑜伽、印度教、气功、西藏密宗和基督教因素的教会组织，创立于1984年，教主为麻原彰晃，在2000年破产，现已瓦解。在高峰时期的1995年，该组织在日本本土有15400多名会员。因为涉及松本沙林事件、坂本堤律师一家杀害事件、龟户异臭事件与东京地铁沙林毒气事件等恐怖活动，民间一般视其为邪教组织，但未被日本官方认定。

② 奥姆真理教内部有严密的组织机构，其设置类同日本的政府机构。麻原本人是"神圣法皇"，下辖省厅等机构。比如：法皇官房、法皇内厅、谍报省、治疗省、外务省、法务省、商务省等。

第2章 / 法医学与猎奇事件、未解之谜

是否属于"医疗事故"

再和大家分享一个和猎奇没什么关系的案子：2010年（平成二十二年）至2014年（平成二十六年），群马大学医学部附属医院共有八名做过腹腔镜肝脏切除手术的患者死亡。他们的主刀医生都是同一个，而且后续调查发现，这位医师的其他几位病人也相继术后身亡。

这背后是否有隐情并不是我们讨论的重点。在此我想和大家说的是，医疗事故的判定其实非常复杂。

人们通常认为，如果病人在住院中或手术后死亡，就不属于非正常死亡。

医师法规定，如果医师对病人的死有异议，就需要提交非正常死亡申请。换言之，如果医师没有异议，即便病人死得蹊跷，这件事也会不了了之。

医院也存在"隐秘"空间：无家人陪伴的病房、手术室……如果病人死在这里，院方就有责任告知家属曾经发生过什么。

就好比有人在监狱里上吊自杀了，我们不能排除办案人员或者狱警的嫌疑：办案人员可能为了包庇失职的狱警，睁一只眼闭一只眼，把原本不是自杀的案子当作自杀处理了。为了公平起见，这时就应该让检事①出面查清事实。

病人在医院死亡也是同理，应该交由第三方判断。

---

① 日本检察官官衔的一种，行使检察权的国家公务员。

第2章 / 法医学与猎奇事件、未解之谜

不慎坠落与跳楼自杀的区别

2014年（平成二十六年），神奈川县川崎市的某家有偿养老院里，三位老人接连被人从阳台扔下去摔死了。2016年（平成二十八年），警方逮捕了嫌疑人。因为事情没过去多久，我至今还记得很清楚。

2014年11月4日，有人发现一位87岁的男性坠楼身亡。一个月后，也就是12月9日，又一名86岁的女性坠楼。同年12月31日，第三名96岁的女性坠楼身亡。

事情如此蹊跷，尸体却没被送去司法解剖，而是当作意外事故草草处理了。

养老院阳台的护栏高约120厘米，如果这三人都是自杀,或许还能说得通,但案件被定性为"事故"——也就是说,三位老人是"不小心"跨过一米多高的护栏,又"不小心"摔死的。

这就十分不合情理了。

因为本案疑点重重,警方展开了后续调查,但为时已晚。在我看来,在第一位老人离奇身亡时,就应该高度重视起来了。我没有接手这个案子,也不知道太多的细节,但倘若我在现场,或许只看尸体就能发现一些端倪。

大多数人跳楼自杀前会并拢双脚,所以身体接触地面时基本呈直立状态。而且除非这个人恐高,否则,在通常情况下,跳楼自杀的人会背对建筑物。

大家可以参考下面这个示意图。

高空坠落时的姿势

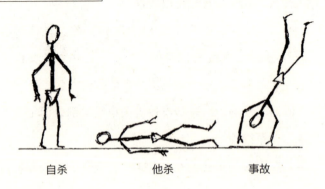

自杀　　　　他杀　　　　事故

第2章 / 法医学与猎奇事件、未解之谜

跳楼自杀者的尸体往往有以下几个特征：足部骨折，双侧股骨颈骨折，臀部出血，骨盆骨折，尾骨骨折，腰椎骨折。与此同时，如果头部前倾，就会出现颈椎骨折，撞击到胸部则多发性肋骨骨折，胸骨骨折。向前弯曲的上半身接触地面后向后反弹，最终呈现仰卧的姿势。

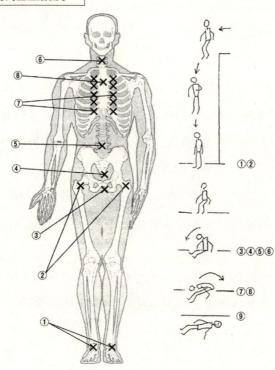

标准的高空坠落自杀

①足部（足关节、跟骨）骨折　⑥颈椎骨折（颈髓损伤）
②双侧股骨颈骨折　　　　　　⑦多发性肋骨骨折
③骨盆骨折　　　　　　　　　⑧胸骨骨折
④尾骨骨折　　　　　　　　　⑨仰卧的姿势
⑤腰椎骨折（脊髓损伤）

如果是他杀，凶手一般先让死者昏睡过去，再将其从高处抛下，伪装成坠楼自杀的样子。不过人在失去意识后，肌肉不会紧绷，死状也和自杀时不同。此外，隔着护栏扔下去的尸体落地时往往会横躺在地上。

如果是意外事故，落地姿势则取决于坠落方式。我们可以通过尸体上的瘀血、骨折，判断他是怎么掉下来的。确实有人一条腿先着地，但头部先触地面的情况更多，因为即便人在空中不断挣扎，也很难恢复平衡。

不论凶手再怎么伪装，也逃不出专业人士的眼睛。

如果川崎一案一开始就交给经验丰富的监察医，或许就没有后面的悲剧了。

我虽然没去过现场，这么下结论不太合适，但三位老人的遗体大概也曾一度向我们"寻求帮助"吧。

第 2 章 / 法医学与猎奇事件、未解之谜

养老院、福利院的悲剧

令人遗憾的是，上述悲剧还在不断上演。

随着我国人口老龄化现象加剧，护理人员的市场需求越来越大。近年来，护理资格的考核标准已做出调整，但和医师、护士相比，门槛还是比较低。

我曾在护理人员进修班讲过课，主题是"生命之可贵"与"何为死亡"。我至今清楚地记得学生们全神贯注听我讲话的样子，也知道有很多人在选择这个行业时怀揣着一颗尽职尽责的心。但遗憾的是，由于学习期限实在太短，他们还没做好十足的准备就被送去工作了。

与老人打交道确实很难，而且非常辛苦。有时真心实

意对他好，对方却不领情；想为他做点什么，反而招来不满。川崎一案的嫌疑人说："这份工作让我积累了太多压力。"这起案件也告诉我们：如果护理人员不能及时调整心态，一旦被压力击垮，就可能酿成悲剧。

不论出于什么原因，触犯法律，就必须接受制裁。但与此同时，人们也应给予护理人员更多的理解与尊敬，政府也应该多关注这方面的问题。

2017年（平成二十九年）1月，一位八十多岁的女性死在了兵库县神户市的一家养老院里。这起案子没有轰动全国，只在局部地区有所报道。当地警方认为他杀的可能性比较低，所以执行了行政解剖，而在解剖过程中，监察医发现死者的腰部存在骨折。

警方进一步调查，找到了原因——是护理人员的工作失误。老人骨折后，身体状况急转直下，不久便去世了，但老人的亲属并不打算深究，因为他们知道那位工作人员其实并没有恶意。

由于神户市推行了法医制度，所以和川崎案不同，本案中老人的尸体被送去解剖了。也正是因为监察医在解剖过程中发现了腰部的骨折，真正的死因才得以浮出水面。

第2章 / 法医学与猎奇事件、未解之谜

　　法医制度关系着死者的权利能否得以重视,即便困难重重,我还是希望这项制度可以推广到全国。

　　猎奇案、悬案,以及发生在你身边的故事……
　　在这纷繁复杂的案件中,法医学充当了怎样的角色?
　　看到这里的你,是不是稍微明白了一些?

第 3 章 法医学解决的问题与未看透的真相

第3章 / 法医学解决的问题与未看透的真相

生活反应的重要性

经验丰富的监察医可以从尸体上读取很多信息：自杀还是他杀？病故还是事故？致命伤又是什么？正如我在"八问"那一章里写的，有时监察医甚至可以判断出凶手的杀人动机，是单独行动还是团伙作案。

现实生活中，有作恶之人杀了人却骗过了警方的眼睛，也有无辜之人明明什么也没做却蒙受冤屈。

监察医的工作就是让隐藏的真相大白于天下。

这同时也是法医学的责任。

我在上一章写到了生活反应这个法医学术语，指的是人活着时发生的反应。

比如一具断了手指的尸体，我们就可以通过有没有生活反应推测手指被切掉的时间，是生前还是死后。生活反应在侦破案件的过程中，发挥着十分重要的作用。

如果有人在水中或者火灾现场发现了尸体，按照规定，必须送去解剖，这是因为有些人虽然看上去是意外身亡，但也可能是凶手故意造成的假象。这时生活反应就显得至关重要了。

比如我们在火灾现场找到一具尸体，首先要搞清楚他是被烧死的，还是火灾之前就已经死了。判断依据是死者气管里是否吸入炭末，血液里是否含有一氧化碳，这也属于生活反应。

第3章 / 法医学解决的问题与未看透的真相

即便烧掉尸体也毁不掉的"证据"

曾经有一间独栋房屋发生了火灾,火势很大,人们在现场找到了女主人和孩子的尸体。经过解剖,监察医只在孩子的气管里发现了炭末。

这就说明母亲在发生火灾前已经死了,而孩子却死于大火。

这是为什么呢?

有很多种可能:母亲突发疾病,不久后家里起火?或者母子遇到了什么意外事故?又或者有人先杀了母亲,然后放火烧了她家?

警方最终将犯罪嫌疑人锁定在这家的男主人身上:案

发时他恰巧不在家中，因此获救；男人买了保险——一旦妻儿死亡，就能获得一大笔赔偿金；火灾发生时，他出现在离家不远处的地方；此外，他还养了一个情妇。

但是当时负责解剖的医师并没有从烧焦的尸体上找到真正的死因，他甚至无法判断案件的性质——是事故还是他杀？案件的调查一度停滞。

好在一位曾和我打过交道的县级检视官找到了我。他交给我一叠材料，其中有一张女主人颅底的照片。我看到照片的一瞬间就知道发生了什么——她是被勒死的。

我在前言部分写过，颅底可以帮助我们判断死因。具体原理如下：

颅底位于颅骨底部，如果将保护大脑的颅骨纵向切开，最下面的部分就是颅底。一个被勒死的人颈部会出现勒痕，脸上也有瘀血。人们看到这样的尸体，一眼就知道他是怎么死的。

但如果将尸体烧掉呢？

脖子上的勒痕与脸上的瘀血的确会消失。

可位于颅底上的"痕迹"却不会。

第3章 / 法医学解决的问题与未看透的真相

人的颈动脉延伸至颅骨,如果死者脸部出现瘀血,颅底也相应有瘀血。即便尸体被烧掉,或者腐败化作白骨,因为颅骨的保护,颅底的瘀血也不会消失。

解剖时,监察医会先取下头骨上一块类似头盔的部分——颅盖,然后打开硬脑膜,取出大脑。一部分监察医只顾着研究大脑,却忽视了颅底,最多看一看颅底有没有骨折,这种做法是不全面的。

我曾经研究过"溺死时的锥部出血"现象(具体可参考第1章),一直习惯观察死者的颅底。也正是这个习惯,让我发现病死者、窒息死者和溺死者的颅底各有不同。

颅底

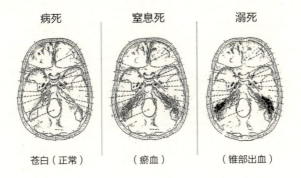

病死　　　　窒息死　　　　溺死

苍白(正常)　　(瘀血)　　(锥部出血)

窒息身亡者面部、颅底均有瘀血，呈淡青蓝色；而病死之人的颅底则呈苍白色。

这个判断标准简单易懂，却没被写进书里，法医学教材确实应该修改了。案发现场能教会我们很多书本上学不到的知识，这是学习法医学必须克服的困难，也是这门学科的趣味所在。

第3章 / 法医学解决的问题与未看透的真相

颅底瘀血的法律效力

男主人大概读过一些推理小说,以为只要将尸体烧掉,脖子上的勒痕、脸上的瘀血也会消失,别人就不会发现他的所作所为。

我上一章写的计划缜密、头脑聪明的纵火犯指的就是他,然而他还是忽略了颅底瘀血——这种连一些监察医都不会注意到的细节。

不过鉴于颅底瘀血这个判断标准没有被教材收录,法官最初驳回了我的看法,认为这是我自己的主张,没有被法医学界认可。对方的辩护律师也表示:"你说的那些根本找不到依据,怎么证明不是你随口说的?"

我反驳道:"道理其实很简单,就好像你堵住了河道,水一定会涌回上游。"

这个例子通俗易懂,我又苦口婆心讲了半天理论依据,终于说服了法官。男主人后来被警方逮捕,但由于没有明确的证据,最终没有被定罪。

这个结局或许令人唏嘘,但寻找证据、定罪量刑是警察和法官的工作,不在我的职责范围内。

我将这个故事写进书里,一是为了让其他同行及法律从业者知道,法官认可了我的观点——焚烧掉的尸体上确实留有无法销毁的证据;二是为了让更多的普通读者看到,希望能减少此类案件的发生。

第3章 / 法医学解决的问题与未看透的真相

瘀点揭开杀人之谜

瘀血和瘀点不一样：前者指的是静脉血液、毛细血管内的血液流动受阻，停积在血管里的现象；后者指的是从毛细血管壁渗透出来的红细胞形成的小红点，并不是血管破裂（血管破裂被称作"出血"）。

我们可以通过瘀点判断一个人是否死于窒息或者突发疾病，比如观察死者眼睑的结膜。瘀点有大有小，有时甚至可以成为破解杀人之谜的关键。

一位年迈的父亲倒在了玄关旁，儿子发现后立刻找了附近的医生，然而为时已晚。父亲患有老年痴呆症，近来没去过医院，匆忙赶来的医生连忙报了警。警方最初以为

非/正/常/死/亡/事/件/簿

父亲是病死的，但仔细检验后发现并非如此，尸体的脸上有瘀血，眼睑结膜处还有五六个粟粒大瘀点。

病死之人的瘀点通常只有针尖大小，因为疾病发作时，心脏会突然停止跳动，渗透出来的血液不多，瘀点也不会很大。可如果这个人是被勒死的，情况就不一样了。

他的血管遭到压迫，血流受阻，引发窒息。然而因为心脏不存在异常，不会立刻停止跳动，这就导致血管内压增大，瘀点也随之变大。

虽然也有例外，但在通常情况下，我们可以根据瘀点大小判断一个人是病死的还是被勒死的。只是遗憾的是，这些内容也没有被写入法医学的教材。

由于死者结膜上的瘀点较大，引起了警方的注意。他们提出要解剖尸体，遭到了儿子的强烈反对。不过事已至此，儿子反对也没有用。

尸体被送到东京都监察医务院进行行政解剖，警方也来到现场。如果判断存在他杀的可能，行政解剖就要转为司法解剖。

死者气管内有泡沫，气管黏膜和肺部有瘀血，肺胸膜有瘀点，但尸体颈部没有勒痕，警方推断，他是被人捂住口鼻闷死的。虽然我们无法通过验尸立刻确定凶手是谁，但毋庸置疑，这位父亲确实是死于窒息。警方继续追查，儿子大概知道自己跑不掉了，于是招供：他用被子蒙住父亲的口鼻，将他闷死了。

如果监察医没能及时发现隐藏在瘀点里的秘密，儿子就有可能逃脱法律的制裁。

因为从业者的疏忽导致真凶逍遥法外的事情绝对不少，我们必须重视这个问题。当然，在讨论制度、教育方面的问题的同时，我也希望新的法医教材可以早一点问世。

非/正/常/死/亡/事/件/簿

"尸体阶层"与解剖率

最近我听到一个词，叫作"尸体阶层"①，大概是说尸体的处理标准并不统一，真是完美地概括了我一直想说的话。

日本没有全面推行法医制度，"尸体检验的过程是什么？""解剖的标准又是怎样的？"，不同地区有不同的答案。

也许有人抵触解剖，但解剖确实非常有必要。比如一

---

① 日语为"死体格差"。日语中有"格差社会"一词，指的是社会上的民众之间形成严密的阶层之分，不同阶层之间经济、教育、社会地位差距甚大，且阶层区域固定不流动，改变自己的社会地位极难的一种现象。

第3章 / 法医学解决的问题与未看透的真相

个人明明是被杀害的，尸体却被当作病死或者自杀处理了，倘若他泉下有知，也不会瞑目吧，这个时候我们就可以通过解剖找出真正的死因。再比如警察以及负责尸检的医师都明确表示这个人是自杀或者病故，家人却执意认为不可能，非要讨个说法，这时只要解剖了尸体，自然会真相大白。

如果一个人突然死了，尸体没被解剖便被送去火化，即便家人后来发现这个人的死可能和某起案件有关，也于事无补了。1998年（平成十年）发生在长野县的乌龙茶氰化钾投毒案就是一个典型的例子。

某超市的店长偶然发现货架上的乌龙茶罐被压扁了，他认为这不能卖给顾客，就拿下来准备自己喝，然而只喝了一口就尝出味道不对，连忙报了警。警方调查发现，有人在乌龙茶里放了氰化钾。

媒体报道了这起投毒案，一位主妇匆忙赶来，说她丈夫几天前突然死了。医院认为死因是急性心功能不全，但妻子怀疑："他是不是喝了有毒的茶？"然而报案时尸体已经被处理了，说什么都为时已晚。

好在医院留有少量的血液样本，经过检验，证实了妻子的说法——她的丈夫确实是死于氰化钾中毒。

可如果没有血液样本呢？医院大概还会坚持自己的诊断，即便妻子提出质疑，由于没有证据，也无法立案。不过这起案件的结局令人唏嘘，警方虽然找到了血液样本，也知道了丈夫的真正死因，最终却没能抓到犯人。

类似这样的悲剧还有很多。

人们都说日本是"安全的国家"，但放眼全世界，日本非正常死亡尸体的解剖率其实很低。

在人们看不到的角落，犯罪正在无声进行。

试图揭示谜底的尸体，却被人们掩住口鼻。

法医制度之所以没有在全国推广，一个很大的原因是预算不足，这也导致了"尸体阶层"的出现。在此，我要大声呼吁——死后也要看名医。

我听过质疑声："看名医有什么用，难道能让死去的人活过来？"可我想表达的并不是这个意思，而是希望早日完善法医制度，让更专业的人来检验尸体。

治疗医学是医学的主流，他们治病救人、救死扶伤，当现代医学无力回天时，就轮到监察医出场了。

临床医师不负责给死人看病，也不应该由他们来验尸。

法医学者虽然不能救人性命，但可以维护死者的人权。

第3章 / 法医学解决的问题与未看透的真相

冤案时有发生

最近有人找我,希望我能帮一个因为杀人罪被判入狱的人翻案。

警方认为这个人打死了自己的朋友,但当事人表示"真的没有"。他无奈之下找了律师,而律师又找到了我。

这件案子还在进行,我不方便讲太多细节。不过可以肯定一点,就是当我看到律师递过来的鉴定书和资料照片时,第一反应是:这个人或许不是被打死的。我的推论不一定准确,但确实存在一种可能:一起原本不是因为殴打致死(甚至可能不属于他杀)的案子,将一个人以殴打致死的罪名送进了监狱。

现实生活中确实存在这样的冤案，然而已经宣判的案子很难被推翻。如果可能的话，我更希望他们能在审判阶段找我。

我不想过多责备本案的法官和裁判员，因为本案的尸体一开始是交由大学的法医专家做的鉴定，就是这个环节出了问题。其他案件也是如此，大学教授的鉴定结果看上去可信度更高，也更权威，可一旦出了差错，就有可能让无辜之人蒙受牢狱之灾。

第 3 章 / 法医学解决的问题与未看透的真相

差点让犯人侥幸逃脱

我们再来聊一个鉴定结果以外的话题——没有施行法医制度的地区更容易出现漏网之鱼。

一名男子握着几乎空了的酒瓶倒在路边,死了。这人生前嗜酒如命,喝醉了还会频频闹事。警方找来一位在附近开诊所的医师来检验尸体。我不是说所有临床医师的鉴定都不可靠,但他们经验不足也是事实。

这位医师表示,该男子饮酒过度,死于急性心功能不全。尸体没被送去解剖,检验工作到此告一段落。

没过多久,死者的朋友向保险公司提出申请,说他有一份保险,该男子死后应该赔给他一笔钱。保险公司对此表示怀疑，于是找到我，并给我看了相关资料。

照片是黑白的，但我还是看到死者脸部有瘀血。临床医师的记录里也写了瘀血，但或许他并不觉得这有什么不妥，当作病故处理了。这种事实在是太常见了。

死者颈部没有绳索导致的勒痕，但我前面说过，凶手可以用被子捂住被害人口鼻将其闷死，也可以用毛巾之类的工具作案，不容易留下痕迹。保险公司的调查员是警察出身，他听了我的意见，重新展开调查。

事情过去一年半，就在我几乎忘了这起案件的时候，接到了后续通知——这的确是一起骗保金杀人案。

犯人几乎成为漏网之鱼，好在警方最终抓到了他。

第3章 / 法医学解决的问题与未看透的真相

和"密室"无关

在我工作的那些年里,遇到过不少差点让犯人侥幸逃脱的案子。

一家小餐馆的老板娘死在餐馆二楼,被发现时躺在被子里,看起来像突发疾病。她平时一个人生活,房间和衣着都很整齐。我前往现场检验尸体,发现死者面部有瘀血,眼睑结膜处有粟粒大瘀点。虽然颈部没有勒痕,但我还是认为她死于窒息。

我将这些情况告诉现场的警察,对方反问我:"病死之人的结膜上也会出现瘀点吧?"

我非常赞赏这位警察,因为一看就是下过功夫学习了法医知识,但他学得还不够全面——他不知道病死之人的瘀点只有针尖大小。我又做出进一步解释,但他似乎并不认同我的看法:"这个房间是密闭的,怎么可能是他杀?"

我不是刑警也不是侦探,"案发现场是不是密室""犯罪嫌疑人的作案手法是什么"并不是我要考虑的问题,但作为一名监察医,尸体"告诉"我她是被杀死的,我就要如实传达出去。

那人始终不相信我,我只得让他把课长叫过来。课长来是来了,但他更愿意相信自己的部下。万般无奈下,我只得让他们请来署长。这实在是兴师动众,可我还是硬着头皮说了我的看法。

这位署长非常开明,"既然专家都说存在他杀的可能,那我们就听您的"。他当即决定联系警察厅,将调查的方向转为杀人案。

尸体被送去司法解剖,结果显示,老板娘确实死于窒息。时至今日,我还清楚地记得这起案件。不论是更愿意相信自己部下的课长,还是即便尊重属下依然以大局为重的署长,我都十分感激他们。

对监察医而言,倾听死者的声音是非常重要的,一旦找到线索就要重视起来。

第 3 章 / 法医学解决的问题与未看透的真相

住院病人猝死的谎言

还有一起和瘀点有关的案子,也是忽略了瘀点的大小。

一位精神病患者住院期间突然死了,围绕他的死因展开了一番讨论。近年来,发生在养老院的离奇死亡事件越来越多,这起案件的某些部分或许能作为参考。

某天深夜,一位护士在巡房时发现病人的状态有些奇怪,连忙喊来医生。他们给他注射了强心剂,做了人工呼吸,还是无力回天。病人本身没有患可能引发猝死的疾病,医师为了避免他精神疾病发作伤害自己或者他人,还将他固定在床上,那么他的死就很匪夷所思了。为了找出死因,尸体被送去司法解剖,负责解剖的是当地某国立大学的教授。

死者面部有瘀血、瘀点，心脏及肺部也有瘀点。教授一开始告诉死者家属："他被紧紧束缚在床上，可能死于窒息。"但在随后递交的正式鉴定结果里，教授却写道："患者死于急性心功能不全。"

家属找到负责解剖的教授，想讨个说法。但教授表示："警方根据现场情况判断，他不太可能是窒息。""急性心功能不全也会引起瘀血、瘀点，他应该是病死的。"

家属大概读过我的拙作，带了擅长打医疗官司的律师找到我。律师递过来的资料里确实写着尸体上有瘀点，但没描述这些瘀点的大小。我看了资料里的彩色照片，认为瘀点比较大——只从这一点就能判断他死于窒息的可能性很大。我对律师说了我的看法并希望他们能找其他人再确认一下。

律师听取了我的建议，连忙赶往另一所大学寻求帮助，又找了一名很有威望的教授。但那位教授坚持认为前一位教授的判断没有错，这个人就是病死的。

既然两位教授都这么说了，那就算了吧……家属和律师几乎要放弃起诉医院了。

可就在这时，律师走访调查期间打听到了令人震惊的

第3章 / 法医学解决的问题与未看透的真相

事实,并揭开了谜底——病人确实死于窒息。

那天夜里,负责值班的是一位年纪不大、临时来打工的医师。他告诉我们,当时患者突然发病,他和几位男护士一起将他控制住,固定在床上。但由于固定方法不当,病人随后从床上滑下来,原本束缚在胸口的带子勒住了脖子。当时他嘴里还有呕吐物,或许是呕吐物,又或许是约束带,导致他最终窒息身亡。

这并非故意杀人,也不是疾病致死,而是意外事故,医院为了隐瞒过失才如此欺骗家属。

再后来,家属将我的鉴定报告提交法院,最终胜诉了。两位德高望重的教授忽略了瘀点的大小,做出了错误的判断。律师选择相信我,在他的不断努力下,终于打赢了官司。

这起案件告诉我们:尸体交由权威的教授进行解剖,也不一定意味着真相可以水落石出。

非/正/常/死/亡/事/件/簿

一氧化碳中毒与细胞内窒息

人们很容易判断一个人是否死于一氧化碳中毒。

我在前文中写过,一氧化碳中毒者的尸斑呈现鲜红色。人体需要与外界环境进行气体交换,吸入氧气,排出二氧化碳。简单来说,红细胞通过血红蛋白运送氧气,细胞消耗氧气产生能量,红细胞再从组织细胞里接受部分二氧化碳,通过肺排出去。动脉和静脉是人体循环系统的组成部分,动脉大多携带动脉血,静脉大多携带静脉血。呼吸就是一种将动脉血转换为静脉血的过程。

当这一过程无法进行下去时,人就会死亡。

如果一个人被勒住脖子,持续一段时间(十几分钟)

不能呼吸，就可能窒息。一氧化碳中毒也是窒息的一种。一氧化碳与血红蛋白的亲合力比氧与血红蛋白的亲合力高200多倍，两者一旦结合就很难分离。血红蛋白无法和氧气结合，即使肺部不断吸入氧气，也无法进行气体交换，这就是"细胞内窒息"[①]。

此外，一氧化碳中毒者不会立刻出现明显的临床表现，这也是令人棘手的地方。人吸入一氧化碳后，携带氧气的红细胞减少，两三分钟后就会感觉头疼，四五分钟后便因大脑缺氧失去意识，当血液中的碳氧血红蛋白浓度在60%以上时，生命就会受到极大威胁。

---

① 血液与组织细胞之间的气体交换过程出现障碍而发生的窒息被称为内窒息，主要见于某些中毒、严重贫血等情况；由于肺部与外界空气之间的气体交换过程出现障碍而发生的窒息被称为外窒息，主要见于呼吸道被压迫或阻塞。

非/正/常/死/亡/事/件/簿

住宅发生火灾的可怕之处

当住宅发生火灾时,大多数人不是被烧死的,而是死于中毒。不论火势大小,都可能产生一氧化碳,这种气体无色无味,难以察觉,非常危险。

有时即便火灾没有蔓延开来,只要吸入含有一氧化碳的空气,人就会失去意识。睡梦中中毒的人更是可怜,等他们有所察觉时,早已动弹不得——最终先死于一氧化碳中毒,再葬身火海。

如果有人被困火场,外面的人想冲进去救他,千万不能单纯地认为只要避开明火,就万事大吉。如果救助方法不得当,自己的性命也可能搭进去。

第3章 / 法医学解决的问题与未看透的真相

不过话说回来,即便一氧化碳与血红蛋白的结合能力很强,如果吸入体内的量不多,也不会立刻致人死亡。因为血液中的红细胞并没有完全和一氧化碳结合,只要及时屏住呼吸,迅速逃离火场,双方都能获救。

但和过去相比,现在冲进火场救人的危险系数更高——因为火灾现场空气的成分更复杂了。乙烯、塑胶地板、床垫……这些化学物质一旦燃烧起来,就可能产生氰化物等有毒气体,人体一旦吸入这些物质就会迅速失去意识。所以请大家时刻谨记:不论被困在火场里的人对你来说多么重要,贸然冲进去救人都是一件十分危险的事情。

我们再回到刚才的话题:为什么一氧化碳中毒者的尸斑呈鲜红色?

一氧化碳本身没有颜色,但和血红蛋白结合后,会产生一氧化碳血红蛋白①,使原本就鲜艳的动脉血变成樱桃红色。

血红蛋白是红细胞内运输氧的特殊蛋白质。当与氧气

---

① 血红蛋白与一氧化碳(CO)的结合物,一种常见的严重危害人体健康的窒息性化学毒物,比氧合血红蛋白具有更鲜红的红色。

结合时,血液呈鲜红色;当失去氧气后,血液则呈暗红色。这也就是动脉血和静脉血一个浅一个深的原因。

影视作品中有时也会出现鲜血四溅的场景,有的血是鲜红的,有的血则是深红的。通常来说,静脉失血不太容易致人死亡,所以如果想描写致命场面,我更建议选择使用鲜红色的血液。

此外,冻死之人的尸斑也比较鲜艳,和一氧化碳中毒类似。这是因为严寒虽然会让细胞停止工作,但不会消耗很多氧气。而通常意义上的窒息身亡者(外窒息)的尸斑更深,这是因为窒息会消耗大量氧气,使血液呈暗紫红色。

尸斑的颜色可以告诉我们很多信息。

第3章 / 法医学解决的问题与未看透的真相

烧炭自杀与连续骗婚杀人诈财案①

2017年（平成二十九年），连续骗婚杀人诈财案的肇事者——木岛佳苗（服刑期间结婚，现已改姓）被最高法院判处死刑。我在此直接写她的真名，是因为她曾经用这个名字写过博客，出版过自传性质的小说。

2009年（平成二十一年）8月，有人在埼玉县富士见市的一辆车里发现了一具男尸。自此，一起连环杀人案逐

---

① 一名名为木岛佳苗（日语：木嶋佳苗）的日本女子，通过婚恋网站与被害人熟识、交往，乘机谋财害命。事件于2009年曝光，木岛佳苗最后被埼玉县地方法院指控欺诈、欺诈未遂、偷窃、杀人等多项罪名。

渐浮出水面。

男子看上去是烧炭自杀。所谓烧炭自杀，就是自杀者将自己关在密闭空间内燃烧木炭，利用一氧化碳自杀的行为。当年，选择这样死的人还不少。

不过警方认为该男子死得十分蹊跷——他手里握着点火用的半截火柴，却找不到火柴盒。尸体被送去司法解剖，最终得出结论——车里的煤炭被点燃时，该男子已经陷入昏睡状态（服用了安眠药）。

换言之，凶手先让他服下安眠药，将他伪装成自杀的样子，再用一氧化碳毒死了他。

警方随后锁定了犯罪嫌疑人木岛佳苗并将其逮捕，然后惊讶地发现这起案件背后竟然还有一连串案子——此前她身边至少有三名男子离奇死亡。

事实上，木岛佳苗此前一直通过婚恋网站寻找合适的下手对象，接近他们，骗取钱财后用同样的手法将他们杀害。她骗过好几个人，最终杀害了其中三个。

第3章 / 法医学解决的问题与未看透的真相

法医制度与裁判员制度

木岛佳苗案的第一个受害者死于案件被曝光的两年前——2007年（平成十九年）8月，千叶县松户市一名男子死于家中浴室，死因不明。

剩下两起命案都发生在2009年。2009年1月，东京都青梅市一男子死于家中，尸体被发现时门窗上锁，卧室有煤炭燃烧的痕迹，警方推断是自杀。2009年5月，千叶县野田市一男子也死于一氧化碳中毒，警方同样认为是自杀①。

青梅市位于东京都内，却不属于23区，没有施行法医制度，尸体没被送去司法解剖，最终当作自杀处理了。这就存在很大的隐患。如果警方一早有所察觉，顺藤摸瓜找出凶手，后面两起命案或许就不会发生了。

再往远了说，2007年的案子也一样。虽然作案手法不同，但只要是杀人案，就一定存在破绽，解剖也一定能告诉我们一些东西，比如胃里残留的安眠药。如果这时就逮捕了凶手，甚至可能早早为这起连环案画上休止符。

即便一个人看上去是自杀或者死于疾病，只要有人动过手脚，就一定存在不合理的地方。

我们绝对不可以遗漏这些细节。

---

① 2007年8月，千叶县松户市一70岁男子死于家中浴室，死因不明，曾交给木岛佳苗约7400万日元。2009年1月30日至31日间，东京都青梅市一53岁男性上班族A因一氧化碳中毒死亡，尸体于2月4日被发现，死前曾给木岛佳苗汇款1700万日元。2009年5月15日，千叶县野田市一80岁男性B死于家中，死因为一氧化碳中毒，其后家中发生火灾。男性B的父亲是知名画家，之前B家中的父亲画作遭窃并卖得高价，B没有怀疑木岛佳苗，反而怀疑自己的亲人。而在B死亡后不久，木岛佳苗从他的银行账户取出约190万日元。2009年8月6日，东京都千代区一41岁男性上班族C被发现死于埼玉县富士见市月极停车场中的租赁车辆中，死因为一氧化碳中毒。木岛佳苗假借要和C结婚，从C手中取得约470万日元。

第3章 / 法医学解决的问题与未看透的真相

　　此外，木岛佳苗一案采取了裁判员制度，这一点也值得我们关注。

　　当时大家都很好奇，这起案件的物证太少，间接证据不足，裁判员都是普通人，他们会做出怎样的判断？木岛的辩护律师也坚持："可能是其他原因导致几名死者寻短见，或者根本就是一场意外。"事实上，我也认为木岛佳苗被判无罪的可能性很大，因为确实没有充分的证据。一想到这种杀人魔可能逍遥法外，我的心情就十分复杂。

　　但就在这种局面下，检方提出了自己的观点："大家可以想一下，如果早上醒来发现屋外白茫茫一片，那么前一天晚上肯定下过雪。即便你没有亲眼所见，也一定下过，这是基本常识。"

　　这起案子的证据非常少，按理说，仅凭间接证据不可以定一个人的罪。但这起案子又非常特殊，木岛佳苗的所作所为大家都看在眼里。所以在我看来，与其依照法律以证据不足为由将其无罪释放，不如有时根据实际情况"搞一搞特殊"。

非/正/常/死/亡/事/件/簿

秋田儿童连续杀人案的最初调查

2006年（平成十八年），秋田县曾发生过一起连续杀人案。和木岛佳苗案类似，最初的调查也存在问题。

4月10日，有人在秋田县能代市的河边发现一具女童尸体，死者为小学四年级的学生。5月18日，又有一具男童尸体被人发现。两起案子的受害人住得很近，只隔了一户人家。警方最终逮捕了第一位死者的母亲。2009年（平成二十一年），母亲被判无期徒刑。

其实在第一起命案发生后，警方就将女童尸体送去尸检、解剖，得出结论：她是溺死的。但这个结论本身就存在问题。

第3章 / 法医学解决的问题与未看透的真相

女童家附近的河滩上有玩耍的痕迹,她很可能从这里意外落水,溺死后被冲到七公里外的河边,但尸体被发现时衣着完整,鞋子也穿在脚上。

这真的是一场意外?我并不这样认为。

在我看来,真正的案发现场并非女童家附近的河滩,而是几公里外的某一处。

理由如下:人在溺水时,大量水涌入肺部,会将里面的空气挤出去。肺部充满水后,无法继续充当浮囊,尸体也会沉入水底。在被激流冲刷的过程中,尸体不断撞击河床。如果这一过程持续几公里,那么尸体被发现时通常是全裸的。

尸体在水底的姿势(引用自 Ponsold)

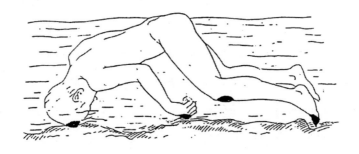

黑色部分代表尸体与河床摩擦导致骨骼外露

如此一来，暴露在外面的皮肤就会与河底的砂石产生摩擦，导致尸体身上出现一系列没有生活反应的伤口。而由于尸体在被水流冲击的过程中呈近似蹲踞式起跑的姿势，额头、手指、指甲、膝盖等部分频繁撞击河床，所以被人们发现时，这些部位的骨骼往往是外露的，看上去惨不忍睹。

女童的母亲曾于7月告诉警方："我女儿是从桥上掉下去的。"但这种说法也不可信，因为那座桥距离尸体被发现的地点4公里，如果女童真是从那里落水，衣服也会一定程度脱落。

所以我怀疑，女童要么在更近一些的地方溺水身亡，要么落水前已经死了，或者落水的一瞬间被融化的雪水呛进气管，引发冷休克，导致心脏骤停。

不论真实情况如何，警方最初的判断都不准确。他们虽然进行了尸检、解剖，但依然当作意外事故处理了，这才是问题的关键。

如果那时他们能更严谨一些，发现尸体上的疑点，将女童之死当作一起谋杀而非事故，或许就不需要花费这么长时间才锁定犯罪嫌疑人，而男童也能逃过一劫。

连续杀人案的最初调查至关重要，验尸环节也发挥着举足轻重的作用。

第3章 / 法医学解决的问题与未看透的真相

水里的尸体与诈骗保险金杀人

还有一起案子也和水里的尸体有关。

有人在河道闸门的垃圾堆里发现了一具腐败的男尸。尸体虽然被送去司法解剖,但由于男子的身份很快被确认,还留有遗书,就被当作跳河自杀处理了。过了几年,有人对他的死提出质疑,警方才重新展开调查。他们找到我,想听听我的建议。

我看了案发现场的照片,认为事情并没有那么简单。垃圾堆里的男尸衣着完整,如果他是在家门口跳河自杀的,漂到这里足足二十公里,怎么可能衣着完整且没有外伤?这和秋田案是同样的道理。

非/正/常/死/亡/事/件/簿

既然他身上没有外伤,那就说明"他在被水流冲击的过程中没有沉入水底,而是漂浮在水面上",也就是说"他很可能不是跳河自杀,而是死后被人抛进河里的"。我从这个角度出发,重新写了鉴定书。

倘若几年前人们刚发现尸体时就能看出其中的不合理,也许就没有后面的事情了。

还有一起案件和它非常类似——佐贺·长崎连续诈骗保险金杀人案。如果我们在发现第一具浮尸时就找出凶手,事情就可能还有转机。

1999年(平成十一年),警方逮捕了一男一女,引起了舆论的关注。被逮捕的女性其实是另一起案子的"受害者"——她的丈夫和孩子此前接连遇害。2005年(平成十七年)女子被判无期徒刑,三年后(2008年,平成二十年)男子(案件主谋)被判死刑。

这起案件背后的男女关系十分复杂,简单来说,被捕的男女是婚外情关系。男子先怂恿女子给她丈夫买高额保险金,又怂恿她将其杀害。

第一起命案发生在1992年(平成四年),女子考过护士资格证,她先让丈夫吃下放了安眠药的咖喱饭,待他失

第3章 / 法医学解决的问题与未看透的真相

去意识后,再将他扔到佐贺县的海中淹死。

案件的主谋欠了很多债,急于要钱,才策划了这一起谋杀。但女子究竟是被他威胁,还是想主动帮他,我们不得而知。不过不论出于什么目的,她最终都抛弃了丈夫,选择了情人。然而即便如此,主谋还是将她看作"赚钱的工具",这实在让人感到悲哀。

而第二起命案更令人惋惜。六年后,也就是1998年(平成十年),女子又给次子喂下安眠药,将他扔进长崎县的海里。一开始孩子并没有被淹死,他挣扎着游到岸边,可母亲竟然将他的头按回水里,亲手杀了他。

随后男女二人被警方逮捕。事实上,母亲还给长子和长女买了保险,下一个迎接死亡的也许就是他们。幸而警方及时抓到了他们,让这场悲剧就此落幕。但我不禁思考,如果我们能来得更早一些呢?

第一起命案发生时,警方曾委托附近的医师检验尸体。医师认为男人是晚上喝多了去钓鱼才不幸坠入海中淹死的,并没有什么特别之处,就当作普通事故处理了。可如果我们能及时解剖尸体并发现胃里残存的安眠药,男人的死或许就不会被当成一场意外。从这个角度来看,连续杀人案也是可以"预防"的。

非 / 正 / 常 / 死 / 亡 / 事 / 件 / 簿

投币储物柜里的婴儿是什么时候死的

虎毒不食子？其实不尽然。

不知道大家有没有听说过"投币储物柜婴儿"这个词，虽然最近已经不怎么使用了，指的是被父母扔在投币储物柜里①的婴儿。

我曾经解剖过一具婴儿的尸体——从投币储物柜里取出来的，十个月大，大约五十厘米的女孩子。她被家人用浴巾裹着放进手提袋，随手扔进储物柜。尸体被发现时已

---

① 投币储物柜在日本很普及，地铁、公交车站等地都可以见到。近年来也有无须硬币，刷卡就可以使用的柜子。

经开始腐败,发出阵阵恶臭。

也许有人会说,小孩子太可怜了,要不别解剖了,直接送去火化不好吗?但作为监察医,我不能这么做。因为我要了解她的死因:是出生前就已经死了,还是死后被人杀害的。如果出生前就死了,家人将她扔在储物柜的行为就属于遗弃尸体;而如果刚出生时还活着,他们的做法无异于杀人。

要搞清楚这个问题,就必须解剖尸体。

有一个很简单的判断方法:将尸体的肺部取出,放入水中。如果肺部沉入水底,就说明是死胎,因为死胎不会呼吸,肺部没有空气;而如果肺部浮于水面,则很可能是出生以后被人杀死的,因为婴儿只要呼吸过一次,空气就会让肺部浮起来。不过这个方法并不严谨,因为胎死腹中的婴儿也可能在腐败过程中产生腐败气体,同样可以让肺部浮起来。所以我们还要对尸体的肺部组织进行检验,得出更为准确的结论。

在我接手的那起案件中,女孩的肺部浮于水面,检验结果也显示,她出生时确实是活着的。那她究竟是怎么死的?是不是被人杀害的?我们不得而知。或许她刚出生不久就被人捂住口鼻闷死了,如果真是这样,那就是赤裸裸的杀人。也有人不愿意亲自动手,将孩子扔在一边不管,最终导致孩子死亡。

无论哪一种,都枉为人父母。

第3章 / 法医学解决的问题与未看透的真相

让人记忆犹新的"食"子案

为什么我一直坚持要找出事实真相？

是因为我经历过太多令人惋惜的事，而其中最令我记忆深刻的是这样一起案件。

我曾在拙作①的序言部分介绍过这起案子——一位母亲用开水烫死了自己的孩子。

母亲最初撒了谎，她说自己的孩子在家里学走路时撞上暖炉，炉子上放着装有开水的水壶，孩子被水壶砸到背上，造成了严重的烫伤。

---

① 《不知死 焉知生：法医的故事》。

非/正/常/死/亡/事/件/簿

家人将她紧急送往医院，但女孩没过多久就去世了。母亲失声痛哭："都怪我，是我没照看好孩子。"医师认为这是一起意外事故，开了"烧伤致死"的死亡诊断书。

可当孩子的父亲去区役所①提交相关材料时，工作人员却说：如果一个人生病了，在治疗过程中不幸身亡，就需要病人家属提交死亡诊断书；但如果一个人死于外界因素（如被开水烫到），就应该及时报警，先让医师提交非正常死亡报告，等监察医验尸后，再由监察医提交尸体检案调查书。

这起案子发生在东京都23区内，区役所的工作人员非常熟悉法医制度。但孩子的主治医师或许是忘了这条规定，又或者考虑到既然是自己的病人，就应该由自己负责，才急急忙忙开了死亡诊断书。可他的这种做法其实是不正确的。父亲拿着死亡诊断书回到医院，医师这才反应过来，慌忙联系了警方。

我和警方一同赶到了现场。

---

① 区政府。

第3章 / 法医学解决的问题与未看透的真相

"死者的人权"与法医学的职责

我解开小女孩身上缠着的层层纱布,觉得有些奇怪。

孩子背上有一个圆形的烧伤痕迹,依照常理,如果小女孩自己撞到暖炉,无意间打翻了水壶,伤痕不该如此规整。尸体"告诉"我的信息和我在现场听到的信息不一致,一定有谁"说了谎"。我将我的推断告诉警方,就在他们打算重新展开调查时,母亲交代了真相——是她亲手杀死了自己的孩子。

小女孩一出生就患有重度精神障碍,家人得时刻看着她。这个家庭原本就不富裕,母亲不能外出工作,长此以往,日子肯定不堪设想。母亲想到将来生活的种种不易,最终出此下策。

母亲说完就泣不成声，这确实是一个迫不得已的决定。当年和现在不同，人们对精神障碍、残疾人的偏见更严重。即使这家人辛辛苦苦将孩子养大，等待她的又是什么呢？母亲并不憎恨自己的孩子，但与其让她活着受罪，不如杀了她。

如果我告诉警方孩子背后的伤痕很可疑，无异于表明母亲就是凶手。

但不论出于什么理由，杀人就是杀人。父母单方面的想法断送了孩子的生命，这一点是不争的事实。

作为一名监察医，发现了问题，就必须指出来。

也许有人会觉得我们不近人情，但这就是我们的工作，也是法医学的职责。

我希望让更多的人了解这些，于是从那时开始，但凡遇到特殊的案子，都会将它记录下来。

不论案件背后隐藏了怎样的故事，只要有不合理之处，我们都不能有所隐瞒。这是为了维护死者的人权，也是我们唯一的目的。

让死去之人可以瞑目，将犯罪分子绳之以法。

维护社会的稳定，这就是法医学的意义所在。

第4章 保险、遗产、伪装背后的法医学

第4章 / 保险、遗产、伪装背后的法医学

自杀拿不到保险金

尸体的鉴定结果有时会影响保险金。

比如一个人上吊自杀了,家人怕保险公司不赔钱,就把自杀伪装成他杀。这样的事很常见,我也经历过不少。

有一对父子,共同经营了一家公司,效益不太好。父亲平时一个人住,有一天留下遗书,在洗手间上吊自杀了。儿子发现时,父亲已经死了。他担心拿不到保险金,就烧掉了遗书,还将房间弄乱,让人误以为遭了贼。

他将父亲的尸体搬到卧室,让他平躺在地上,还在他的脖子上绑了绳子,伪装成被强盗勒死的样子。大约上午

十点，他做完一切准备工作，这才报了警。

"前一天晚上我们两个还见面谈工作，晚上11点左右分开的，应该是那之后出的事。今天早上我看到父亲这个样子都惊呆了，愣了好半天才想起来报警。"面对警察，儿子如此说道。

但当我解开缠在脖子上的绳子，看到的却是上吊自杀特有的痕迹。

颈部压迫导致的窒息

部位	缢死	勒死	扼死
前颈部			
左侧颈部			
后颈部			

续表

手段	多见于自杀。例外：地藏背①	多见于他杀。例外：自勒②	基本都是他杀
索沟（勒痕）的走向	前颈部有水平缢沟，从左右延伸到耳后，向上倾斜	勒沟水平环绕颈部。如果死者曾奋力抵抗，则前颈部有抓痕。自勒的情况则没有抓痕	不出现索沟，只有手指掐出的扼痕
索沟的性状	前颈部深，后颈部浅。缢沟表面较平滑	绕颈一周的勒沟深浅一致。勒沟表面伴随皮肤剥落、皮下出血	前颈部、侧颈均有扼痕
面部表现	面部苍白，瘀点较少。鼻涕、血迹等垂直下淌	面部肿胀，有瘀血，瘀点较多。鼻涕、血迹等附着在口鼻附近	面部肿胀，有瘀血，瘀点较多。鼻涕、血迹等附着在口鼻附近
尸斑	集中在四肢、下半身	集中在背部	集中在背部

一个人究竟是上吊自杀还是被人勒死的，只要看一看他的后颈，就能分辨出来。如果他是上吊自杀的（缢死），缢沟会从左右延伸到耳后，向上倾斜，最后消失——这是

---

① 一种杀人方式，先用绳子缠住死者颈部，然后转过身将绳子搭在肩上，再背起被害人，致其窒息。
② 用绳子之类的索状物勒住颈部，借助体重之外的力致人死亡。如果施力者是其他人，称为他勒；如果施力者是自己，称为自勒。

从高处将人吊起来后的特有伤痕。在本案中，父亲颈部的痕迹就是如此，那么他真正的死因肯定不是缠在脖间的绳子。

此外，上吊自杀的人和被人勒死的人的面部表现也不一样。前者面部呈苍白色，瘀点较少。这是因为当人被吊起来时，全身的重量都压在颈部，气管受到压迫，无法呼吸。与此同时，血液停止流动，神经各项机能麻痹，心脏和呼吸也会随之停止。

而后者面部有瘀血，瘀点较多。这是因为当人被勒住颈部时，颈部一周均匀受力，即使表层的静脉受到压迫，深处的动脉（延伸到头部与面部）也不怎么受影响。

上吊自杀的人尸斑多集中在下半身，而仰面躺着死去的人尸斑多集中在背部。

儿子拼命想掩盖事实真相，到头来也是徒然，监察医一眼就能看穿他的谎言。

此外，我还可以通过尸斑与尸体的僵硬程度、体温降到多少度来推测死亡时间。儿子说案发时间是前一天晚上11点以后，但据我推测，应该是前一天晚上8点左右。在这么多证据面前，儿子终于说了实话。

他不想让别人以为他父亲是自杀的，这份心情我可以理解，但死因岂是那么好伪装的。

第4章 / 保险、遗产、伪装背后的法医学

面子与腹上死[①]

有时人们故意隐瞒死因,不是为了钱,而是为了面子。

"家母患了感冒,就这么走了。"一位老妇人去世了,她生前没看医生,家人依照规定在她死后报了警。我赶到现场时,看到老妇人躺在被子里,脖子上卷着毛巾。家人解释道:"母亲前几日嗓子疼,自己缠上去的。"

可当我解开毛巾,看到的确是一条缢沟。此外,死者的尸斑多集中在下半身。和上一起案件一样,老人是上吊

---

① 指男女在发生性关系时,突然死亡(猝死)的现象,又叫性交猝死。

非/正/常/死/亡/事/件/簿

自杀的，家人在说谎。

他们的伪装实在太过简单，我对他们说："还是和我说实话吧，反正解剖会告诉我一切。"儿子这才讲了实情：因为婆媳关系之类的家庭矛盾，老人将绳子挂在门框上自杀了。家人觉得这个理由传出去不好听，想了半天决定伪装成病死再报警。

警方经过考虑，最终给这家人严重警告。

事实上，这已构成犯罪。

此外，如果有人死于性交，周围的人也会拼命掩盖真相。

腹上死，指的是男女在发生性关系时或者刚发生完性关系后突然死亡。很多人以为这种桥段只会出现在影视、文学作品里，但事实上，它也可能发生在我们身边，而且并不罕见。

一个身体健康到可以和别人发生性关系的人突然死了，怎么想也不可能是自然死亡，即便另一个当事人不愿意让别人知道死者的真正死因，也必须及时提交非正常死亡申请。而且有的时候，我们还能在案发现场看到很多让人哭笑不得的证据：穿反的内裤、粘在身上的卫生纸……

腹上死与性别无关，可能发生在男性身上，也可能发生在女性身上。前者多死于心肌梗死，后者多死于蛛网膜下腔出血。

蛛网膜下腔出血、脑出血、心肌梗死之类的疾病往往发作得很突然，但只要定期体检，了解动脉硬化之类的疾病，尽早服用预防药物，也能平平安安度过一生。

没有什么比健康更重要的了。

非 / 正 / 常 / 死 / 亡 / 事 / 件 / 簿

死亡顺序关乎财产分配

死亡顺序有时也会关系到保险与遗产的分配问题。

一栋房子突然着火,连累了邻居,导致隔壁一家三口葬身火海。丈夫和孩子睡在二楼卧室,尸体被发现时已烧成焦黑;妻子大概察觉到火势试图逃走,但没能跑掉,最终倒在了玄关处。消防员后来及时赶到,扑灭了大火——玄关并没有怎么被烧毁。

尸检结果显示,丈夫和孩子先被烧死了,大约十分钟后,妻子死于一氧化碳中毒。这就引发了一系列涉及金钱的问题:生命保险、火灾保险、邻居失火应付的赔偿金、财产继承……

第4章 / 保险、遗产、伪装背后的法医学

按照规定,这些钱将由最后死亡的人,也就是妻子继承。但由于妻子也死了,财产继承人又变成了妻子的父母及兄弟姐妹。明明在同一起火灾里遇难,丈夫这边却一分钱拿不到。只是死亡顺序不同,就能引发如此大的差异。

不少人为此闹上法庭,于是没过多久,这类案件就有了新的处理方式:如果在同一起事故中遇难,即使死亡时间不同,在财产分配问题上也按照同时死亡对待。

此后就再也没有类似的纠纷了。

非/正/常/死/亡/事/件/簿

在领取保险金的前一天自杀

一位老先生在家里留了遗书，冲向高速驶来的电车，司机连忙刹车，但晚了一步，老人被撞飞出去二十米，尸体并没有被撞得四分五裂。我接到通知赶往现场，得知老人在家里留了遗书，而且走访调查的结果与尸体征象相一致，所以综合考虑后认为他确实是自杀的。

可就在我准备写尸体检案调查书时，死者的长子问我："能将死亡时间推后一天吗？"

"啊？"我有些惊讶。

我从没想过有人会提出这样的请求。事故都已经发生了，时间怎么能改呢？

第4章 / 保险、遗产、伪装背后的法医学

原来死者一年前在别人的劝说下买了保险，按照规定，如果一年内自杀，保险公司就不给予赔偿。可因为手续问题，保险是在缴纳保险费的第二天才生效，也就是说，死者在能够领取保险金的前一天自杀了。

不管老人买保险的目的是什么，可以肯定的是，他在自杀时确实想到了这笔钱。然而事实上，他一分钱也拿不到。这对于死者及其家人来说，确实是双重打击。但如果我擅自更改了死亡日期，重写调查书，就犯了伪造文书罪。由于本案涉及赔偿问题，指使我这样做的家人也会犯欺诈罪。

我将这些如实说了，最终获得了老人家人的理解。

这样的案子远不止一起。

曾经有一个"怪现象"：很多人会在买了保险的一年（十三个月）后自杀。这是因为保险公司有规定——一年内自杀者不支付保险金。

这项规定其实在一定程度上抑制了自杀。

但慢慢地又有人觉得，只要能拿到钱，等上一年又何妨？于是一些保险公司将一年的期限调整为三年，毕竟没有那么多人会提前三年做好自杀的准备。

非 / 正 / 常 / 死 / 亡 / 事 / 件 / 簿

　　为了避免大家误解，我重新说明一下，保险法规定，以下几种情况保险公司可以不支付保险金："被保险人自杀""投保人对被保险人造成故意杀害""战争、暴乱等导致被保险人死亡"。尤其是自杀，通常是拿不到钱的。

　　不过也有特例，比如当保险公司认为被保险人不是为了钱而自杀时，也可能支付保险金。此外，这类保险大多设置了免责期，虽然具体条款不一样，但基本内容如下："自生效日开始，被保险人三年内自杀，则不能获得保险金。"不过这并不意味着三年后自杀就一定能拿到钱，要具体事情具体分析，请大家不要想得过于简单。

第4章　/　保险、遗产、伪装背后的法医学

惨不忍睹的跳楼自杀

　　自杀的方式有很多种，比如我前文写到的跳轨自杀，但更常见的是上吊和跳楼。人从高处跳下来，尸体会变成什么样子？或许很多人并不清楚。但我之前说过，尸体会"告诉"我们他是怎么跳下来的。

　　头朝上跳下去的人会脚先着地，头朝下跳下去的人会头先着地。如果一个人是平躺着掉下去，尸体落地时也是平躺着的。在大多数人的印象里，可能跳楼的人都会先摔到头，但事实恰巧相反，脚先着地的情况更多。此外，人在坠落过程中也很难改变方向。

　　跳楼自杀者的尸体不会被摔得四分五裂。但如果一个

非 / 正 / 常 / 死 / 亡 / 事 / 件 / 簿

人脚先着地，腿脚受到地面的剧烈撞击会变得血肉模糊，体内的脏器、骨骼也随之破损、断裂；而如果一个人头先着地，头盖骨会因为承受不住冲击力而碎开，大脑喷溅出来，整个脸惨不忍睹。跳楼者的尸体基本很难保持原样，对于普通人来说，绝对是难以接受的视觉冲击。

在处理这类尸体时，首先要搞清楚这个人是自己跳下来的，还是被人推下来的。

这个问题也可以从尸体上找到答案。

第4章 / 保险、遗产、伪装背后的法医学

真的是跳楼自杀吗？

一个人被夹在两栋楼之间，死了。楼间距很窄，只容许一人通过，大家都认为这个人是从七楼楼顶跳下来摔死的。尸体的头盖骨已破裂，致命伤是颅盖骨骨折与脑挫伤。

但是他真的是跳楼自杀的吗？我有些怀疑。

死者左侧额头、脸部，右侧头部均有擦伤、磕碰及出血。通常来说，跳楼者的伤口会集中在身体一侧。如果空间过于狭窄，尸体在下落过程中确实有可能撞到周围的建筑，但我仔细观察过现场，认为这种可能性不是很大——这就很奇怪了。

此外，我还检查了死者被脱去的衣物，发现他裤子腰部偏下的地方沾有白色涂料。那么如果他不是跳楼自杀，而是出了交通事故呢？

如果真是这样，他左侧小腿处的伤就可能是"保险杠骨折[①]"。死者在过马路时，被一辆从左侧驶来的汽车撞到，先是腰部与引擎盖相接触，接着头部撞上前挡风玻璃。汽车紧急刹车，但人还是飞了出去，导致右侧头部猛烈撞击水泥地，最终引发死亡。

这就可以解释很多不合理的地方。

我将我的想法告诉检视官，他们立刻调整了搜查方向，开始寻找肇事司机。车祸现场肯定不在这里，依我看，肇事司机大概先在哪里撞了人，再将尸体搬过来，伪装成跳楼自杀的样子。

媒体大范围报道了这起案件，没过多久就出现了目击者。

一名学生听到刹车声和巨大的撞击声后打开窗户，正好看到有人将倒在地上的人搬进车里。他当时以为这人会

[①] 汽车保险杠撞击人体时，导致人体下肢形成横带状的表皮剥脱性撞痕、皮下出血和骨折。

将伤者送去医院，就没有报警，直到看到报道，才急忙联系警方。

　　警方根据目击者提供的线索找到了出事地点，几周后逮捕了嫌疑人。正如目击者所说，肇事者一开始确实想去医院，却没想到那人竟然中途死了，这才改变想法，将尸体扔到不显眼的两栋楼之间，不过他并没有打算伪装成跳楼自杀。

　　如果我没在尸检过程中发现尸体两侧伤口的蹊跷，这起案子或许就真的被当作普通自杀处理了。

被抛弃的女人

还有一起案子和前一个案子非常相似,电视台为此做过一期特别节目,也许有人还记得。

一日清晨,有人在某神社的台阶下面发现了一位昏迷不醒的女子,好心人把她送去医院,但遗憾的是没能救回来。医师判断她是蛛网膜下腔出血,病发后从台阶上摔了下来。尸体被送去司法解剖,鉴定结果显示该女子死于疾病,调查几乎要告一段落。

负责解剖的是某大学的法医学者,他在解剖过程中发现女子头部有伤,但还是执意认为出血是内因引起的。可既然头部有伤,为什么不可能是外伤引起的蛛网膜下腔出

第4章 / 保险、遗产、伪装背后的法医学

血呢？女子的丈夫不接受这个结果，找我寻求帮助。

那时距离案件发生已经过去好几天，可我还是来到现场，找来当初的资料，然后立刻发现了可疑之处。

女子腿上有红斑，红斑中间有白色压痕，这和擦伤不一样，不可能是台阶跌落导致的。结合她肩膀处的擦伤，我认为她更可能出了车祸，白色压痕是被保险杠撞出来的。

此外，女子颈部的伤口也很奇怪。人从台阶上摔下来时，通常身体前倾，或者脚下打滑，出现的伤口绝非如此。

这起案子的确疑点重重，而且不合常理的地方很多：神社的台阶下不可能发生车祸，女子被车撞了却没有骨折。当初他们没考虑到这些也不是不能理解，但我相信自己的判断——这就是一起肇事逃逸案。

我见过太多形形色色的尸体，才终于炼出一双"火眼金睛"。我们和大学里的研究者不同，他们只接触凶杀案的尸体，我们却没得挑：病故、事故、自杀、他杀……我们从工作中积累经验，而正是这些经验让我们可以更加全面地考虑问题。

警方调整了调查方向，很快逮捕了肇事者。这人似乎

是酒驾，撞了女子之后原本打算开车送她去医院，但因为害怕，中途改了主意，他将她扔到人迹罕至的神社台阶下面，逃跑了。和前面的案子一样，肇事者扔下女子后，并没打算伪装成自杀。不过在本案中，女子被扔到神社时还活着，倘若能及时送医，也许不至于丧命，这一点令人十分惋惜。

　　在这类案件中，如果死者家属或周围的人没有坚持做二次鉴定，女子就被当作病死处理了，真相也永远不会有大白的一天。

第4章 / 保险、遗产、伪装背后的法医学

跳楼与"边缘性出血"

再说一个和跳楼有关的案子。

一位日本商人从洛杉矶某酒店的六层阳台掉下去,死了。从现场情况推断,他应该是洗完澡后,穿着短裤靠在阳台扶手上喝啤酒时失足摔下去的。但这位商人身上背着欠款,还在日本、美国的保险公司里投了将近3亿日元的保险金。

洛杉矶当地警方、监察医都没能确定男人的死因(意外事故、自杀、他杀的可能性都存在),保险公司则以"可能是自杀"为由拒绝支付保险金。死者家属不同意保险公司的说法,找了日本某国立大学的法医教授做鉴定。

教授查阅了洛杉矶警方的调查报告与法医记录，认为该男子应该是意外失足。

这回又轮到保险公司不接受鉴定结果了，他们找到了我。

既然大学教授和洛杉矶警方都认为"存在意外的可能"，我还有什么可说的？

我一开始心里有些犯嘀咕，但看了一眼递过来的资料，又觉得事情或许没这么简单。

死者左右大腿骨的背面均有"边缘性出血"，这是典型的坠落伤，可洛杉矶监察医和日本教授都认为这是擦伤，是男人摔下来时产生的。

当人的四肢强烈撞击地面时，就会出现边缘性出血。与地面接触的骨骼发白，周围的肌肉可见出血或皮下出血。擦伤与之恰好相反——是中心部位出血。

看错了这一点，就不可能得出正确结论。

第4章 / 保险、遗产、伪装背后的法医学

坠落死的辨别方法

我们继续说前一个案子。

尸体被发现时，和建筑物相距两米左右，头朝外，仰面呈"大"字状。这个姿势其实也能说明他死于意外事故的可能性不大。

如果男人大腿后面有伤，那么他肯定在滑落过程中与扶手发生过摩擦，也就意味着他需要背对建筑物，但这不符合实际情况。如果人从六层高的地方摔下来，除非像跳水运动员那样有意识地调整身体，否则就会保持同一姿势落地。

而且如果他背对建筑物摔下来，先着地的应该是脚，

然后才是臀部，向后仰躺。这样一来尸体就不会头朝外、脚朝内，仰面身亡，而是头朝内，脚朝外，仰面身亡。

当然，人从高处掉下来也并不一定总是脚先着地。但如果头、手先着地，尸体往往离建筑物更近，而且是面朝下、背朝上。由于头部猛烈撞击地面，整张脸会惨不忍睹，这又与本案的情况不符。

从现场情况推断，该男子可能抓着栏杆翻到外面，面朝建筑物松开手，这样尸体才会头朝外，脚朝内，仰面躺在建筑物两米外的地方。而且从骨折与伤口的情况来看，他应该是左手抓着栏杆，右半身朝外，从楼上跳下去的。

日本法院最终采纳了我的意见，认为死者是自杀的。虽然对不起死者家属，让他们无法拿到保险金，但事实就是事实，岂容随意更改。

尸体躺在地上也会"告诉"我案发时的情形。

第4章 / 保险、遗产、伪装背后的法医学

洗澡过程中的死亡是怎么回事

尸检的鉴定结果同样会影响保险金。

假如一个人在洗澡的过程中死了,他是死于意外事故还是突发疾病,导致的结果就不一样。

事实上,死在浴盆里的人多患有脑溢血或心肌梗死之类的疾病,病发后失去意识沉入水中。即使这时他被洗澡水呛入气管,也感觉不到痛苦,更不会采取防御性姿势。如果他真是大脑某处出了问题,只要解剖了尸体就能很快找到答案。

也许有人会问,要是一个人在浴盆里睡着了,就不可能是淹死的吗?事实上,人在打盹儿时如果呛了水,会立

刻感到憋闷，会条件反射抬起头。人可能在大海里淹死，却不会淹死在自家浴室。

那么又有人问了，要是这个人因为体温、血压突然变化，心跳加速或者眩晕倒在了浴盆里，也不算意外事故？

这听上去确实有可能发生，但这些属于生理功能的变化，而非器官组织的变化，即便解剖了尸体，也无法确定原因。而且就算真有这样的事发生，人呛了水也会立刻醒过来，不可能一直抬不起头。

所以死在浴盆里的人一般都会被当作病死处理，解剖也可以帮我们找到证据。不过这个标准并不适用于全国：东京23区及关东地区基本都是这样处理的，地方县市则不同，如果有老人在沐浴时不幸去世，他们通常不会解剖尸体，而是当成一起意外事故。

洗澡过程中的死亡会引发出各种各样的问题，保险公司也经常找我咨询。

但事实就是事实，监察医要保持绝对的中立，不可以偏袒任何一方。

第4章 / 保险、遗产、伪装背后的法医学

没有那么多"如果当初"

我需要提醒大家的是,当上述情况发生时,死亡鉴定结果影响的是"损害保险"(伤害保险,主要补偿因偶然事故造成的损失、伤亡,不包括疾病死亡),而非人寿保险(一些人寿保险也会附加伤害保险的特约条款)。

说得通俗一点,就是如果鉴定书上写这个人是病死的,保险公司会比较高兴。但他们怎么想是他们的事,并不会影响我的判断。

或许会有人问:"就算这个人真的生了病,如果他不去洗澡,也许就不会死了啊,这难道不属于意外事故吗?"但在我看来,这种说法本身就站不住脚——"如果他不去洗

澡"？我们不能以假定的过去为出发点探讨问题。

　　人的生命轨迹是一条完整的线，谁都不可能凭空出现在某个时间点。

　　在谈论犯罪时也是如此——"如果那个时候他没有这样做，今天就不会是这个局面了"。这样的假设完全没有意义。

　　不过我的想法也不能代表所有人，有人就是坚持意外事故，最终也打赢了官司。

第4章 / 保险、遗产、伪装背后的法医学

浴盆里的尸体

聊完了保险金,我们再来聊一聊浴盆里的尸体。

那是一个天寒地冻的冬天,一户人家门前放着牛奶,三天过去了也没有人拿。有好心人担心会不会出事了,进屋一看,发现一位老妇人躺在浴盆里,死了。

最初大家都以为老妇人是病死的。

从尸体的状态来看,死亡时间大概是半天前。如果一个人泡在浴盆里三天,即使水早就冷掉了,被浸泡的皮肤也会呈淡红褐色,没被浸泡的地方则呈苍白色,可眼前的尸体并非如此。

那门口放着的三天前的牛奶又是怎么回事?

非/正/常/死/亡/事/件/簿

尸体被送去行政解剖。

经过监察医鉴定，老人并非死于心脏病或者脑溢血。尸体明明被泡在水里，肺部却没有进水。不仅如此，尸体上还出现了窒息死的特有痕迹——她可能是被人捂住口鼻闷死的。警方立刻展开调查，不久锁定了凶手，就是老人的孙子。

孙子来祖母家要钱，被拒绝之后痛下杀手。他用坐垫闷死祖母后，脱去老人的衣服，将她放进盛满水的浴盆里，伪装成沐浴中意外身亡的样子。

浴盆是老式的，没有蒸汽加热，所以基本没有腐败。如果水温很高，可能就不是这个样子了。由于老人一直被浸泡在冷水里，死后变化并不明显，所以才让人们觉得她不可能死了三天。严寒天气加上冷水，为我们解开了谜底。

在这起案件中，死亡时间有着十分重要的意义。

还有一起案件也关系到死亡时间，不过这次不是浴盆，而是抽屉。

天气炎热的盛夏，有人发现了一对老夫妇的尸体。老先生躺在上一层的抽屉里，已经出现"巨人观"，也就是我在第1章里写到的"赤鬼"。而与之相对的，躺在下一层抽屉里的老太太则刚刚开始腐败，还是"青鬼"。

第4章 / 保险、遗产、伪装背后的法医学

从腐败程度判断，老先生的死亡时间是三天前，老太太是一天前。他们的死法相同，都是被人勒死的，但死亡时间相隔两日。这确实很少见。

又过了几天，他们尚在读高中的孙子前来自首，交代了真相。和上起案件一样，少年为了讨零花钱来到祖父母家，结果被狠狠训了一顿，他一怒之下动手杀了他们。所以根本不存在什么时间差。他将两具尸体分别放进抽屉，匆匆离开现场。直到三天以后，尸体被发现了。

如果孙子所言不假，为什么两具尸体的腐败程度有这么大的差别？

这是因为即便是同一个抽屉的上下两层，环境也是不一样的。上层聚集了暖空气，温度比下层稍高一些，就是这个温度差影响了尸体的腐败程度。

这起案子给我们提了醒，推断死亡时间时要谨慎再三。

非/正/常/死/亡/事/件/簿

反常脱衣现象

人死之后，不再产生能量与热量，体温也会逐渐下降。

我在第1章介绍过死亡时间与体温的关系：外界温度为20℃时，死亡后的前5小时内，每小时约降低1℃，5小时至24小时内，每小时约降低0.5℃。不过这个数值仅供参考，要具体情况具体分析。

个体差异、外界气温、尸体摆放的位置，都会影响温度的下降速度。上面的两起案件也证明了这一点。

和第一起案件相类似，如果在寒冷的冬季将一个赤身裸体的人扔进水里，他的身体会一下子冻僵，寒冷也会改变尸体的状态。这个道理并不难懂，但很少有人能在作案

第4章 / 保险、遗产、伪装背后的法医学

时冷静思考这些。

伪装一个人的死因确实不是一件容易的事,就算凶手觉得再怎么天衣无缝,尸体也会向我们"诉说"真相。法医学者的任务就是听取他们的声音。

再和大家分享一个关于体温、体感温度①的奇妙现象。

曾经有人问我:"为什么有人明明是冻死的,尸体被人发现时却是裸着的?"实际上,这种行为并不罕见,被称作"反常脱衣"②。有人认为:"体温降低后,体温调节中枢出现麻痹,所以才会如此反常。"也有人认为:"或许是产生了幻觉。"

这些观点是否能完美解释这种现象,还有待商榷。但我还想补充一点,就是将死之人也会出现类似的现象——我的姐姐就是如此。

她死在札幌③的医院里,去世前一天的晚上却掀开

---

① 指人体所感受到的冷暖程度,转换成同等之温度,会受到气温、风速与相对湿度的综合影响。
② 冻死尸体表征之一。冻死者死前反常脱去衣服、鞋袜,全身裸露,或将衣服翻起,暴露胸腹部,或仅穿内衣裤,称为反常脱衣现象。
③ 位于日本北海道道央地区的都会城市,是一座以雪而著称的旅游城市。

175

被子,不住喊热。我很奇怪,去握她的手,觉得一片冰凉。为什么她会觉得热呢?仔细想想,或许和我们感冒时差不多。

人发烧时,体温上升,会感到浑身发冷;退烧时,体温下降,却感到热而且会出汗。一场感冒只会带来两三度的体温变化,人就有冷热交替的体验;冻死之人的体温从37℃一下子降到30℃左右,做出更极端的行为也不是不能理解的。

在我看来,不论外界气温有多低,只要体温下降,气温与体温之间的差就会缩小,让人产生错觉,感到炎热。而且不仅是冻死,人在病危时也容易做出反常的行为。

不过这只是我的设想,科学性还有待考察。

但大家也可以把它看作一种危险信号,多了解一些也没什么不好。

第4章 / 保险、遗产、伪装背后的法医学

人死之后还会长胡须吗？会分娩吗？

话题再扯远一些，和大家聊几个偏门的小知识。

人死之后，胡须、指甲还会生长吗？

也许大多数人觉得不会，可确实有人在守夜或者葬礼上发现死者的胡须、指甲比之前长了，甚至引发了争论。但这其实是一种错觉：人的胡须、指甲并没有生长，只是由于周围的皮肤干燥收缩，看起来长了而已。

人死后的几个小时内，皮肤细胞并没有死亡，它们还会从血液中获取氧，但血液循环已经停止了，细胞无法进行分裂，胡须、指甲自然也不会生长。

非/正/常/死/亡/事/件/簿

那我再问大家一个问题：你们觉得死去的孕妇会分娩吗？

也许有人会斥责："怎么可能，别开玩笑了。"

事实上，尸体确实有可能"生"孩子。一位孕妇死在空无一人的公寓里，看起来是病死的。她属于非正常死亡，但由于尸体被发现时天色已晚，尸体检验被放到了第二天，警方也没有彻夜守着她。

然而翌日清晨，当警察和监察医一同赶到案发现场时，惊讶地发现女尸的双腿间有一个婴儿。婴儿通过脐带和死去的母亲连在一起，竟然是从子宫里"分娩"出来的。连警察都感到愕然，明明昨天还只有一具尸体，今天怎么生孩子了！

不过这并非真正意义上的分娩。

当时正值盛夏，尸体的腐败速度很快，第二天已经接近红褐色（"赤鬼"状态）。尸体体内充满腐败气体，将婴儿从子宫里挤了出来。这种现象在法医学上被称为"死后分娩"，但遗憾的是，孩子是死胎。

如果身边发生了这种事，想必会引起一片哗然吧。

第4章 / 保险、遗产、伪装背后的法医学

会"排便"的木乃伊

和死后分娩的原理相类似,尸体也会"排便"。

记忆力比较好的读者或许还有印象,1999年(平成十一年)曾发生过一起"成田木乃伊化遗体案"——千叶县成田市某家宾馆的员工向警方报案,说有可疑人士在他们那里住了四个多月。警方赶到现场,发现了已经木乃伊化的尸体。

一个名叫高桥弘二的人创立了一个名为Life Space(生命空间)的"自我启示学习班",宣称可以根治现代医学不能医治的疾病。有人听信了他的话,将患病的亲人从医院带出来交给他。

然而没过多久病人便去世了，高桥弘二却坚持说："他还活着，每天都在恢复。"尸体逐渐变成木乃伊，一直躺在宾馆里。

曾有电视节目问我："这是活人还是木乃伊？"并向我展示了照片。其实根本不需要怀疑，这个人明显已经死了，而且尸体的一部分还腐败了。

日本四季分明，尸体一般很难变成木乃伊。但只要每天开空调或者开窗换气，保持空气流通，即便在宾馆，也不是绝对不可能，但这样的木乃伊并不完整。

尸体表面的皮肤或许已经干燥，但还有一部分保留了水分，很容易腐败，尤其是内脏里的水分无法蒸发，随着时间的推移，整个内脏化作腐败液体，再从肛门排出。

然而信徒们却觉得"人活着才能排便"，时不时给尸体换尿布。这和活人的排便完全不同，仔细想想简直不寒而栗。

第4章 / 保险、遗产、伪装背后的法医学

同一屋檐下的木乃伊与白骨

生命空间案过去8年后,也就是2007年(平城十九年),又有一起木乃伊案震惊世人。有人在福冈县大牟田市的一间住宅里发现了5具尸体,有木乃伊,也有白骨。电视台的人找到我,问:"真的会有那么大的差别?"

我回答道:"如果死亡时间不同,也不是不可能。一个人如果是夏天死的,尸体的腐败速度很快,就可能化作白骨;如果是冬天死的,周围的环境足够干燥,就可能在腐败之前变成木乃伊。"

我只不过在陈述事实,但大家都觉得非常震撼,于是我又补充道:"如果木乃伊和白骨同时存在,那么他们的

死亡时间应该相隔很久,不太可能是同一时间自杀或者强盗入室杀人。"

"或许背后还有什么隐情,没准有人觉得这些尸体还活着呢。"

我认为这起案件应该和生命空间案类似,也存在那样疯狂的信徒。事实证明,我的推测是正确的。

这五个人分别死于4~20年前,但守着他们的人还在坚持:"会复活的。"

第4章 / 保险、遗产、伪装背后的法医学

发生在你我身边的"硬脑膜下出血"

不论是死后"分娩"还是木乃伊"排便",虽然确实存在,但实属少见,亲眼见过的人也几乎没有。在本章的最后,我想和大家分享一个离我们的生活很近的案例。

一个上班族结束了一天的工作,和同事一起去新宿的商业街喝酒。

晚上9点多,他从店里出来,喝得微醺,结果被不认识的人撞了一下。"走路不看路吗!"他踉跄着向后倒去,狠狠撞到了头。不过两人并没有发生争执,陌生人很快走远了。男人坐了将近一个小时的电车回家,觉得头有点晕,妻子以为他喝醉了,就让他去睡觉。但第二天早

上,她听到他在打鼾,却怎么也叫不醒他。妻子连忙喊了救护车,送他去医院。男人在医院接受了治疗,但意识始终没有恢复,最终停止了呼吸。

那么这个人究竟是怎么死的呢?

男人患有高血压,平时需要服用药物,医师认为他死于脑出血。如果放在其他地方,案子大概就这么结了,可这里是东京23区,他属于非正常死亡。

监察医前来检验尸体,认为男人不是单纯病死的,于是执行了解剖。结果显示,他死于头部外伤引起的硬脑膜下出血。也就是说,前一天晚上被人撞倒摔到了头才是根源所在。

被撞的那一下确实很疼,头上很快起了包,但不久疼痛有所缓解,他也就没在意。即便颅骨发生骨裂,保护着大脑外侧的硬膜下方出了血,两个小时内也不会有明显症状。男人回到家时,出血量逐渐增加,压迫大脑,所以会感觉到头晕,然而所有人都觉得他喝醉了,包括他自己。

男人睡觉时出血仍在继续,他在昏迷中打起了鼾,家人以为只是喝醉了,就没多想。可七八个小时以后,出血量达到150毫升,人就会死亡……

第4章 / 保险、遗产、伪装背后的法医学

　　如果家人能及时发现问题，让他早一点接受手术，去除血肿，及时止血，这个人就能活下来。

　　我曾经遇到过太多类似的案件，后来将这些经验总结起来，也在学会上做过报告，希望能作为预防医学的一部分，引起更多人的重视。

　　法医学并非只会揭露犯罪，也能为预防医学做出贡献。

非 / 正 / 常 / 死 / 亡 / 事 / 件 / 簿

法医学与精神医学的不同分工

  如今的日本,每天都在上演形形色色的案件。

  如果一起杀人案牵扯到不良性癖,人们通常要对犯罪嫌疑人进行精神鉴定,判断他是否具有责任能力。这时,法医学和精神医学的差别就体现出来了。

  比如,某地发生了一起强奸杀人案。

  对尸体或者将死之人产生生理反应的人明显是不正常的,但对于监察医来说,他就是一名性犯罪者。我们很难去纠正他,也很难让他改过自新。在面对此类案件时,监察医的工作就是从尸体上找到线索,了解当初发生了什么。

第4章 / 保险、遗产、伪装背后的法医学

但精神科医师和我们不同,他们在面对这类案件时,会分析犯罪嫌疑人在想什么。两者分工不一样,考虑问题的角度也不一样。

精神医学属于临床医学,他们的研究重点是"个体(患者)的犯罪",属于治疗医学。

而监察医则以尸体为案件的切入口,更多考虑如何将尸体上遗留的信息投射向整个社会。我们观察尸体,试图归纳总结出普遍适用的理论。

法医学和公共卫生学等学科一样,属于社会医学。临床医学是治疗医学,而社会医学是预防医学。

在此,我也希望大家能对法医学有一个更准确的认识。

追寻死亡背后的真相固然是我们的工作,但与此同时,我们也会和警察、律师以及普通民众一起,齐心合力,预防犯罪,维持社会的秩序。

第 5 章

法医学的危机

第5章 / 法医学的危机

让人敬而远之的法医学

法医学的未来并不明朗。

不只是现在,一直以来,都很少有人选择监察医作为今后的发展方向,更别说愿意去案发现场第一时间接触尸体。

不过无论在哪所大学,法医学的课总是很受欢迎。和医学院的其他课程不同,学生们大概也想在繁重的课业压力下,听一门新奇的课,就像读一本推理小说。近年来,有关尸检、解剖的电视剧和小说越来越多,法医学这个词对普通人来说也不再遥远而陌生。

但法医学专业的学生人数并没有增加,不论哪个学校的法医专业都门庭冷落，甚至"十年才出一个人"，这也是无奈的现实。

法医学研究的是尸体，和以治病救人为己任的治疗医学相去甚远。

虽然两者都需要考医师资格，但法医接触的是医师不接手的"病人"，属于比较特殊的领域。如果你执意学法医，亲朋好友甚至会劝你："你怎么那么想不开。"我之前也总听人说："别浪费时间了，早点转临床。"

法医专业的就业方向很窄，基本只有两个：一是进大学的法医教室，二是去监察医务院之类的机构。东京的监察医基本和公务员一个待遇，工资比其他医师低很多。我没退休前参加同学聚会，还总能因此占到"便宜"，他们常说："你就不用交钱了。"

法医之路艰辛且漫长，有很多现实因素摆在你面前：好不容易通过层层选拔考进医学院，终于拿到了医师资格，但即将面对的是又苦、又脏，还很危险的工作。肩负着父母的期望，面对学费等重重压力，要坚持下去确实很难。

一直以来，立志从事法医学的人并不多，这也是无可奈何的事。但这并不意味着我们只能眼睁睁看着，不做出任何改变。

目前,我国但凡有医学院的大学都开设了法医课程,但法医学教授的人数甚至比开设这门课的学校还少。也就是说,一些学校只开了课,却没有专业人员来教。

非/正/常/死/亡/事/件/簿

国内的解剖真相

2015年（平成二十七年），神奈川县横滨市废除了法医制度，主要原因是预算不足以及监察医数量太少。

在此之前，横滨市每年约有1400具尸体需要解剖，这项工作基本都是由一位监察医负责的。此外，由于神奈川县还施行了"承诺解剖制"（监察医解剖尸体前需要先取得家属的同意），所以实际上，一名监察医每年需要解剖约3835具尸体。

在正常情况下，一名监察医每年解剖约三百具尸体，而横滨市的工作量竟是它的十多倍，平均算下来，每天十来具，这简直无法想象。工作量如此之大，怎么能保证每

第5章 / 法医学的危机

一台都不出错呢？

我在这本书里反复强调，我们解剖尸体，为的就是找出真相，一定要确保不遗漏任何一处细节。就算有时可以省去四肢的解剖，但大脑、内脏、气管等部位必须一一排查。一台解剖如果四五个人合作，最少需要一个小时，再加上检验血液、胃内容物、尿液的时间……

2009年（平成二十一年），千叶县松户市发生了一起"千叶大学女大学生被害放火案"。凶手先抢走了被害人的少量现金、银行卡，又在她胸口连捅几刀将其杀害后，为了销毁证据，在案发现场的公寓放了一把火。

这起案件引起了全国人民的关注，但由于当时可以执行解剖的监察医人数不够，司法解剖被推到了四天以后。这简直令人难以想象！

时间就是生命——晚一天查明死因，就意味着晚一天抓到犯人，更意味着类似的悲剧可能再次上演。

为了改变这样的现状，我们必须认真思考"法医的明天"，积极进行改革。

非/正/常/死/亡/事/件/簿

不知死 焉知生

我是怎么走上法医之路的呢?

我的父亲在北海道的积丹半岛①上开了一家诊所,当地基本没什么医师。当年没有医疗保险,有人生了病,却因为没钱,干脆不去治。我们的村子很小,藏不住消息,每当这时,我父亲就会前往病人家里,一边训斥他"钱和命哪个重要!",一边不收分文给他看病。也正是如此,我家很是贫穷,我也不觉得医生能赚钱。

父亲告诉我:"你不用和我一样,以后想做什么就做

---

① 位于北海道西部,伸向日本海。

第5章 / 法医学的危机

什么。"我后来考上医学院,却迟迟没有想好方向。

如果放在现在,我父亲相当于一个综合医师。我从小看他治病救人,所以在我的观念里,医师就应该什么病都看。这或许也影响了我的选择,内科还是外科?我陷入茫然。

于是我开始思考:"死亡究竟是什么?又有什么意义?"

对于患者而言,"生"意味着希望与喜悦。既然生与死紧密联系在一起,那么如果知道什么是死,是不是就更能理解生的意义?

要不先学两三年法医,再转临床,以后也能受人敬仰——我这样想着,迈入了法医学的教室。只是课堂上,我们基本都在学习理论、做动物实验,很少接触人的死亡。我学了几年,就来到东京都监察医务院工作,但即便到了那个时候,我也没想过以后一直从事法医——先积累一些经验,以后再转临床。

那么究竟是哪个环节出了差错?……不,不能说是差错。但从结果来看,我在监察医务院一干就是三十年。即便退休以后,我仍在钻研法医学,到各地开讲座,受人委托做二次鉴定。

回顾过去几十年,我想正是因为我明白而且感受到了

非 / 正 / 常 / 死 / 亡 / 事 / 件 / 簿

"倾听死者的声音并将它传递出去"是一件多么有意义的事,才成就了今天的我。正如我在前文里写到的,"维护死者的人权"——大概就是这种强烈的想法支撑着我走过了这么多年。

第5章 / 法医学的危机

死者眼中的"名医"

当年,大家还不怎么了解法医和法医学。

——"您是做什么工作的?"

——"法医。"

——"啊?"

——"研究法医学的。"

——"哦,原来是风水①的专家。"

法医被听成风水,放在今天就是一个笑话,可当年确实如此。如今"法医""法医学"已不是什么陌生词汇,

---

① 日语里,风水学(日文:方位学)与法医学(日文:法医学)发音一样。

非/正/常/死/亡/事/件/簿

但立志成为法医的人依然很少。

　　时至今日，我依然希望有更多的人可以对法医学产生兴趣——听一听相关讲座，看一看这方面的小说、电视。当然，如果能将法医作为今后的发展方向，那就再好不过了。

　　法医之路确实很难，但倘若没有法医、法医学者，又该由谁去揭开尸体的谜题？找出病死背后的凶杀案？为了死者可以瞑目，我也希望有更多人能加入我们的队伍。

　　我在本书中举过好几个例子，都是我推翻了大学教授的鉴定结果。但请大家不要误会，我并不打算批评他们。只是在我过去的经历中，发现人们更容易相信大学教授，认为他们更权威，可他们的鉴定结果有时也会出错，甚至一眼就能看出其中的问题。这也是事实。

　　他们很容易遗漏一些信息，而经常出现在案发现场的监察医则不会。这是因为大学教授不去现场，接收到的信息有限，对案件没有一个全面的把握。这是完全可以理解的。

　　我并不想讨论监察医和大学教授谁更优秀，但丰富的经验可以帮助我们做出更准确的判断，这一点毋庸置疑。

第5章 / 法医学的危机

解剖费由谁承担？

解剖一具尸体多少钱？这个钱又由谁出？

不同地区可能会有不同答案。关于解剖费用，日本至今没有统一标准，这与当地是否施行了法医制度无关。平均算下来，一台解剖大概需要花几万元，有些地区是公费，有些地区需要死者家属支付。

"你们没经过我们的允许就把尸体带走解剖了，还要收钱？讲不讲道理！"说这种话的人大有人在。

日本作为发达国家，面临着很多难以想象的问题：非正常死亡尸体的处理方式、解剖的执行标准……如果验尸只做表面功夫，死因不明的尸体就会越来越多。仗着尸体上的伎俩能骗过警方的眼睛，杀人魔就可能继续逍遥法外。

我在本书里多次写到连续杀人案，正是因为我们一开始没能识破凶手的诡计，才导致更多无辜之人遭到毒手。

解决这些问题刻不容缓，为此，我认为有必要修改现行方案，在全国推广法医制度。

不分地域，让尸检和解剖真正发挥作用。

第5章 / 法医学的危机

有关医师法第二十一条的修改提议

最近人们开始呼吁修改医师法第二十一条,原版规定如下:

"如果医师对患者或四个月以上胎儿的死亡存在异议,就必须在二十四小时内向所在辖区的警察署报告。"

换言之,如果医生觉得一切正常,就无须提交报告。那什么才属于异常情况?规定缺乏具体描述,这就让非正常死亡的定义变得模糊,也为隐藏犯罪提供了温床。

我再举个随时可能发生在我们身边的例子。

比如一个人突然失去意识,被救护车送去医院后,不久死亡。如果那时有人对医师说:"他患有高血压。"医师就可能认为他死于脑出血，是病死的。倘若此时没有人提出异议，即便他实际上是被家人毒死的，警方也不会展开调查。

为了避免此类悲剧的发生，我们首先应该明确非正常死亡的定义，然后对医师法第二十一条进行修改。我的建议如下：

"除非医师与患者接触时间超过二十四小时且认定其死于疾病，其他情况，都应视为非正常死亡，且必须在二十四小时内向所在辖区的警察署报告。"

这样不仅删去了语焉不详的部分，还加上了"除非确认死于疾病"这一限定条件。

那么医师与患者接触多长时间才有资格做出这样的判断？不同人可能有不同的看法。考虑到实际情况，我认为"二十四小时以上"或许比较合适。

如果按照修改后的标准，即便一个人刚被救护车送到医院就死了，也会被视为非正常死亡。这样的话，隐藏在背后的凶手就可能被找出来。那么接下来我们需要考虑的，就是如何更准确地找到他们。

第5章 / 法医学的危机

被误认为是"病死"的有计划犯罪

尸检、解剖环节可能出现以下三类问题。

第一类：医师没有提交非正常死亡申请，尸体没有经过检验，案件被耽误了。想解决这个问题，可以参考我前面写的——修改医师法第二十一条。

第二类：医师提交了非正常死亡申请，尸体经过检验但没经过解剖，案件被耽误了。

第三类：医师提交了非正常死亡申请，尸体经过检验、解剖，案件被耽误了。

第二类问题可以参考下面这起案件。

非 / 正 / 常 / 死 / 亡 / 事 / 件 / 簿

1998年（平成十年）至1999年（平成十一年），福冈县久留米市发生过一系列诈骗保险金杀人案，凶手是四名护士。这起案子后来还被写进书里，拍成了电视剧。

第一名遇害者是其中一位护士的丈夫。妻子早有打算，她先将安眠药混入酒中，待丈夫服下睡着后，用管子将威士忌灌入他的鼻腔，试图伪装成急性酒精中毒。可丈夫没有死，于是妻子又在他的静脉里注射了空气。丈夫的身体立刻出了问题，随即被送往医院，不久后死亡。

医院报了警，监察医赶来检验尸体，却忽视了几个显而易见的问题点，比如，CT扫描的结果显示，死者脑部血管里有一截空气。事实上，不论什么病症，血管里都不可能出现空气。可他却疏忽了这一点，最终认定男子是死于急性心功能不全（内因死）。

不久之后，女人们又盯上了另一名护士的丈夫。她们用同样的手法，将酒注入被害人鼻腔，再将水注射进血管。和之前一样，尸体虽然经过检验，但依然被当作病死处理了。

如果将水注射进血管，血液浓度就会降低，发生溶血现象，红细胞无法进行氧气交换，最终死亡。此时针眼附近的皮肤会有大量浓度较低的血液渗出，这就足以让人产生怀

第 5 章 / 法医学的危机

疑了。

经验丰富的监察医一眼就能看穿的伎俩，却成了阻碍案件推进的绊脚石。当时负责尸检的是一名临床医师，明明尸体上存在这么大的疑点，他却没打算继续追查下去——因为他不是研究尸体的专家。

再之后，四名护士起了内讧，这才让案件的真相浮现出来，然而那时被害人的遗体已经被处理了。但由于本案中四人罪行明确，不久之后主犯被判处死刑。

如果四人没有决裂，或许人们永远不知道背后真相。假如我们一开始就发现血管中的空气，逮捕了犯人，也许就没有后来的悲剧了。

非 / 正 / 常 / 死 / 亡 / 事 / 件 / 簿

尸体鉴定的可信度问题

不止是谋杀案，普通案件也存在尸检结果不准确的问题。

2007年（平成十九年），一名十七岁的相扑选手（序之口①级别）在训练时死了。尸检结果排除了他杀的可能，医师也认为他死于急性心功能不全，所以尸体没被送去解剖。

然而没过多久，死者家属发现尸体上有可疑外伤。他

---

① 相扑（日本称为力士）按运动成绩分为10级：序之口、序二段、三段、幕下、十两、前头、小结、关胁、大关及横纲。横纲是运动员的最高级称号。

第5章 / 法医学的危机

们找到大学教授做解剖,这才知道原来男子生前曾出现过外伤性休克。

这种事不只会发生在相扑训练室,也会发生在初高中的体育社团。

如果不解剖尸体,草草下结论,会出现怎样的后果?我们看不到学生伤口背后的严苛训练与欺凌,始作俑者也不会接受惩罚。

第三类问题可以参考前文的"秋田儿童连续杀人案"等案件。即便尸体经过检验、解剖,我们还是没能及时找到真相。

诸如此类的悲剧数不胜数。

想改变现状,就要尽可能提高鉴定的准确性。

监察医的人数太少!

在案件侦破过程中,检视官需要具有丰富的刑事侦查经验及一定的法医知识,他们是专业的搜查人员。但在法医鉴定中,负责尸检、解剖的却不一定是专业的法医。警方常委托在警署附近开诊所的临床医师去检验尸体,这些人或许大学时期听过法医学的课,但终究不是科班出身。

也许在一些人看来,只要是医师,就一定能替死人看病,听他的肯定不会出错。但事实并非如此,如果临床医师出了差错,警方的调查方向也会出问题。

为了减少尸检过程中的误判,我们只能寄希望于术业有专攻。这就意味着必须增加监察医的人数,并保证他们被分配到全国各地。倘若不能建立这样的体制,就无法解决或者改善这个问题。

但增加法医人数又谈何容易。

非/正/常/死/亡/事/件/簿

更加现实的方法——检视官的培养

  检视官是怎么选拔出来的？通常来说，我们会先找到合适的警视，用半年的时间让他去医学部听课，现场观摩监察医验尸，之后就可以前往全国各县的警察本部任职。

  检视官并非一种资格，但需要接受教育。理论上讲，尸体检验工作应全部交由他们负责，但在现实生活中，由当地警察"代劳"的情况并不少。

  一旦发现哪里有可疑尸体，检视官就应迅速赶往现场，判断死者属于自杀还是他杀。然而因为人数有限，他们不可能出现在所有案发现场，更多时候是通过电话等方式给现场的警方提建议。

第5章 / 法医学的危机

要改变这一现状就必须增加检视官的数量。在我看来，一个比较可行的方法是降低检视官的门槛——不用非得达到警视级别，等级较低的警部、警部补也可以一起学习法医知识。

检视官不需要像医师那样分析死者的确切死因，但要判断一个人是死于自杀还是他杀，也需要具备一定的知识和经验。为此，我们需要建立新的体系，让更多人可以接受法医教育，培养更多检视官。

我在前文里也写过，我迫切希望从事法医的人越来越多，但考虑到现实因素，培养检视官可能更是一条捷径。不论是检视官还是候补检视官，他们都站在法律的立场上，维护死者的人权。

说得再具体一些，比如，我们可以将东京都监察医务院当作一家培养检视官的研究机构，让这些人在这里学习知识，观摩监察医的实际操作。这对他们今后的发展大有裨益。

监察医务院每年要处理一万多具非正常死亡的尸体，做两千余台解剖手术。这些尸体的死因各有不同，有一些辨别起来十分复杂：自杀、他杀、意外事故、猝死（病死)……我们的工作就是找出真相,执行行政解剖。

如果可以将监察医务院作为培养环节中的一环,也许就能帮助大量的学习者在短时间内积累经验。但是这类改革无疑要面临很多根深蒂固的问题:司法解剖在检察院、法院的管辖范围内;行政解剖在厚生劳动省以及自治体的管辖范围内;大学的法医教室在文部科学省的管辖范围内。重重金字塔状的管理制度约束下,想有所革新又谈何容易。

第5章 / 法医学的危机

CT扫描与AI技术①的功过

　　新的技术不断改变人们的生活，法医行业也是如此。近年来，人们可以利用CT扫描技术，在解剖前先观察尸体内部的异变；或者不解剖尸体，利用"死亡时画像病理诊断（AI，Autopsy Imaging）"技术探究死因。

　　CT扫描确实可以告诉我们很多东西，但过度依赖技术也可能让我们忽视一些信息，比如投毒杀人。CT扫描可以显示组织形状的变化，却无法分析血液中是否有毒药残留。

---

① Autopsy Imaging 的缩写，通过高科技手段（如电子计算机X线断层扫描、磁共振扫描技术等）对尸体进行全身扫描，查找到尸体体内的创伤，寻找到死者死亡的真正原因。

非 / 正 / 常 / 死 / 亡 / 事 / 件 / 簿

很多追求完美犯罪的人会使用毒药，这一点尤其值得我们注意。如果一味追求技术，甚至投了大笔钱在上面，却忽视了解剖经验的积累，反而会本末倒置。

有时即使解剖了尸体，人们也可能忽视投毒，尤其是砷之类的毒素，更让人难以察觉。

1998年（平成十年）曾发生过一起"和歌山毒咖喱事件"。在当地的夏日庆典上，有人在咖啡中下了毒，最终导致67人被送往医院，包括孩子在内的4人死亡，这是一场极为恶劣的事件。最初人们怀疑是食物中毒，直到司法解剖揭开了谜底——氰化物中毒。人们对毒素进行了分析，这才知道是混入了砷。

听到是砷时我也大吃一惊，因为它确实不易被人察觉，而且很难鉴定。我之前也没有想过有人会大范围使用它。

投毒案的难点就在于我们不知道"是谁""什么时候""在哪里""用了哪种毒药"。

我们愿意看到科技的进步，但不能因此就蔑视人的经验与能力。法医学的发展日新月异，我们要不断吸收新的知识，不断充实自己。

然而，如果眼界只限于教材，即便接受的新事物再多，也无法提高法医鉴定的准确度。经验的积累与新技术的导入相辅相成，都是我们手中的利剑，但更重要的是时刻保持警醒，"倾听"死者的声音。

愿死者得以瞑目，愿冤罪得以昭雪。

这就是法医学。

知道死亡的真相,才能更好地诠释生命的意义。

版权专有　侵权必究

图书在版编目（CIP）数据

非正常死亡事件簿 /（日）上野正彦著；王雯婷译. — 北京：北京理工大学出版社，2020.3（2023.4重印）
ISBN 978-7-5682-8182-9

Ⅰ. ①非… Ⅱ. ①上… ②王… Ⅲ. ①法医学—通俗读物 Ⅳ. ①D919-49

中国版本图书馆CIP数据核字（2020）第031027号

北京市版权局著作权合同登记号 图字：01-2020-0436
HOIGAKU JIKENBO–SHITAI WA SUBETE SHITTEIRU
BY Masahiko UENO
Copyright © 2018 Masahiko UENO
Original Japanese edition published by CHUOKORON-SHINSHA, INC.
All rights reserved.
Chinese (in Simplified character only) translation copyright © 20XX by Beijing ZZHW Digital Media CO., Ltd.
Chinese (in Simplified character only) translation rights arranged with CHUOKORON-SHINSHA, INC. through Bardon-Chinese Media Agency, Taipei.

出版发行 /	北京理工大学出版社有限责任公司
社　　址 /	北京市海淀区中关村南大街5号
邮　　编 /	100081
电　　话 /	（010）68914775（总编室）
	（010）82562903（教材售后服务热线）
	（010）68944723（其他图书服务热线）
网　　址 /	http://www.bitpress.com.cn
经　　销 /	全国各地新华书店
印　　刷 /	保定市中画美凯印刷有限公司
开　　本 /	880毫米×1230毫米　1/32
印　　张 /	7.5
字　　数 /	109千字
版　　次 /	2020年3月第1版　2023年4月第5次印刷
定　　价 /	42.80元

责任编辑 / 徐艳君
文案编辑 / 徐艳君
责任校对 / 周瑞红
责任印制 / 施胜娟

图书出现印装质量问题，请拨打售后服务热线，本社负责调换